湛庐CHEERS

与最聪明的人共同进化

HERE COMES EVERYBODY

HOW
TO FOCUS
AND
BE MORE
PRODUCTIVE

DRIVEN TO DISTRACTION AT WORK

赢回专注力

EDWARD
M. HALLOWELL, M.D.
[加] 爱德华·哈洛韦尔 著
徐卓 译

浙江人民出版社
ZHEJIANG PEOPLE'S PUBLISHING HOUSE

注意缺陷只是一种特质，而不是障碍

我感到非常荣幸，这本《赢回专注力》让我的文字和工作成果与中国的读者朋友们见了面。这本书的内容是我工作中最有价值的部分，很高兴这本中文版能够向你们展示我毕生工作的精华。如今，我已年逾七旬，也算是饱经风霜并且治学勤奋，因此今天有幸能让自己的文字漂洋过海来到中国这个文明古国，感到不胜惶恐。希望大家能从书里发现一些新的信息、有用的观点，以及读书的乐趣。

我对古老的智慧心存敬畏，而中国的文明和智慧确实无与伦比。我从幼年学习古代历史的时候就开始接触中国文化，读到了马可·波罗的游记，也听说了难以想象的万里长城，知道了中国的诸多朝代，当然也领略了圣人孔子的谆谆教诲和哲人老子的华丽诗篇。我还听说了很多能工巧匠的发明创造，以及艺术家们的精美作品。当然还有中国的美食，以及几千年来带给世界的科技、哲学和文化。因此，今天我能把这本书当作一份礼物带来中国，既感到惶恐，又非常开心。

在本书中，大家会看到我逐渐建立起来的一个概念——注意缺陷特质（Attention Deficit Trait, ADT），它源自传统的注意缺陷障碍（Attention Deficit Disorder, ADD）

的概念，而我则是这个领域的世界顶级专家之一。

我自己就有注意缺陷障碍，这反而成为我作为医生钻研这个领域得天独厚的优势：我对注意缺陷障碍进行了深入细致的研究，并且著书立说。我的作品迅速成为畅销书，带领世界各地被这个问题困扰的人们改善自己的处境。

我对注意缺陷障碍有自己的独特观点：注意缺陷障碍并非一种失调或者障碍，而是一种特质。如果注意缺陷障碍能够被人妥善管理，甚至可能成为生命中的好帮手。我自己就是一个例子。这个世界上还有非常多成功的企业家、发明家、艺术家、医生、律师、运动员、音乐家，以及其他领域的佼佼者，他们都是这样的。世界上有太多成就非凡、生活美满的人具有注意缺陷障碍的特质。大家可能知道一些这样的人，但是更多的人是不为人所知的。这些人仅仅是凭着自己的本能直觉，妥善管理了他们的注意缺陷障碍。

我的任务就是帮助这样的人，不用仅依赖于自己的本能，而是可以获得更多的帮助，因为有很多情况仅靠自己无法取得成功。注意缺陷障碍如果不进行治疗，可能会成为灾难。虽然有很多人确实能够依靠自己的力量成功应对自身状况，但是还有更多的人不能妥善管理自己的注意缺陷障碍，而因此成为罪犯、成瘾者，产生抑郁、自杀倾向，并且穷困潦倒。我的人生使命就是挽救他们，或者在事情没有恶化之前及早地识别和治疗有相似问题的人，防患于未然。

我的大部分工作是对大众进行注意缺陷障碍的科普教育，并且对具有注意缺陷障碍特质的儿童和青少年进行治疗。与此同时，我也亲眼见证了从 1983 年我毕业开始工作到今天，整个社会对注意缺陷障碍的态度所发生的戏剧性的变化。

短短几十年间，世界的巨大变化令人叹为观止。不仅生活中的一切都在加速，而且我们每个人都离不开电子产品了。我们被各种电子产品紧密联系在一起，所有人之间保持联通，而且永远不下线。我们让自己的大脑负担着比人类历史上任何时候都要多得多的数据，甚至在20年前这都是无法想象的！

当我们的大脑淹没在数据海洋中时，想要保持专注、聚焦和清醒的思考，就算不是绝无可能，也是极为吃力的。不仅如此，我们还要跟各种蜂拥而至的意外打扰、额外需求、机会风险打交道，并且很多时候我们甚至都不知道这些东西究竟来自何方！现代生活让人兴奋，但是也让人心力交瘁、应接不暇、濒临崩溃，就像我曾在书中写到的“发疯一样地忙碌”。时间永远用不过来。

这种数据过载、忙不过来的状态，以及多任务处理和持续被打扰的处境，创造出了一种跟注意缺陷障碍一模一样的状态，但这并不是传统意义上作为问题和障碍的注意缺陷障碍。这种新产生的“冒名顶替”的症状就是我之前所说的“注意缺陷特质”。它跟传统的、与生俱来的、需要药物治疗的注意缺陷障碍是两种完全不同的东西。

注意缺陷特质的症状看起来与具有生物学基础的注意缺陷障碍几乎一模一样，但是二者在本质上大相径庭。真正的注意缺陷障碍源自基因，而注意缺陷特质则由环境的影响所致。如果你把一个具有注意缺陷特质的人安置到环境静谧的乡村里，并且不让这个人接触电子产品，几周之后他就会恢复正常，注意缺陷特质的所有症状都会消失。因此，了解自己当前的注意力缺失状况到底属于哪种类型至关重要。在本书中，我列举了6种分心类型，每种注意缺陷特质的症状各不一样，应对方法自然也都不一样。你可能有这里面的一种或者几种。

我希望书中的这些故事能让你反思，在今天的世界中如何管理自己的思维和心智。在过去的日子里，也许你根本不需要花任何心思来思考这些，那是因为那时候你的大脑不用面对这么多干扰和需求。但是时过境迁，现在已经不一样了！

想象一下你有个女儿，这个女儿就是你的大脑。在今天的世界里，她每天面对排山倒海而来的各种要求，你能替她把这些要求都屏蔽掉吗？不仅如此，她还让你不要管她，退到一边去，因为她渴望拥抱这样的世界，觉得自己完全能够应付得来。虽然你知道这是痴人说梦，但又能怎样呢？这时候做父母的该怎么做？提建议，进行教育，不能后退，不要让大脑一意孤行，并且尽量去设置边界。

精神隐私在今天的世界中受到了巨大的威胁，而最大的破坏者恰恰是作为大脑拥有者的我们自己！每个人都必须学会调节自己对电子产品的使用频率，就像我们面对琳琅满目的垃圾食品必须学会控制自己的食欲一样！

这本书中的故事呈现了几位能力出众的人，在职场环境下跟注意缺陷特质做斗争的过程。而我提出的解决办法在中国的环境里应该也一样有用，如果并非如此，请一定给我发邮件：drhallowell@gmail.com。

我们生活在一个信息支离破碎且过载的时代里，这既是一种幸福，也是一种不幸。如果能够趋利避害，我们可能会过上前所未有的高质量生活，只不过你需要先做到三件事：

1. 识别问题，为之命名。如果你已经购买了这本书，说明你正在这么做了。给自己的症状命名是解决这个问题的最重要的前提。

2. 优先级排序。做那些你最喜欢，并且回报最丰厚的事情，找到这两者的交集。别做那些你不喜欢，或者没有回报的事情。

3. 找到正确的困难去克服。找一件既有挑战性又能让你发挥创造力的事情去做。当你面对挑战，并且能够运用自己的创造力的时候，你就会乐在其中，甘之如饴。

因为我非常想把自己的发现分享给需要的人，所以当思欣跃儿童优脑中心的陈仲华先生邀请我加入时，我非常激动。他问我想要什么样的头衔，我停顿了片刻，回答说：“首席梦想官。”

2018 年 10 月，我从美国波士顿前往中国上海，参加了中心的开幕仪式，这是我一生中最难忘的一次旅行。在这个过程中，我见到了许多中国的父母，他们跟我讲述了很多在教育孩子过程中所发生的故事。

其中有一个故事尤为特别。我和一位母亲一起，只通过提供关于爱、锻炼、人际联结和课堂管理的建议，就帮助她的 8 岁的儿子解决了问题。这中间没有进行任何药物治疗，而且一切都是通过电子邮件完成的！

我从来没有想过自己能够为中国做些什么，直到我来到上海，才真正在这个历史悠久的国家里做了我能做的事：帮助那些学习方式各异的孩子。

这本书里的内容不是很多，因为今天的人们没有那么多时间阅读。但这些知识是经过反复筛选的。我很高兴与各位读者分享这些想法。

祝大家好运。

爱德华・哈洛韦尔

DRIVEN TO
DISTRACTION
AT WORK

目录

中文版序 注意缺陷只是一种特质，而不是障碍 /I

引　言 保持专注为什么这么难 /001

第一部分 **工作中最常见的6种分心类型**

01 网络成瘾
如何控制你的电子产品而不是被它们所控制 /013

02 多任务处理
如何在已经手忙脚乱的时候拒绝别人 /033

03 思维跳跃
如何善始善终地完成一件事 /051

04 焦虑过度
如何把有害的焦虑转变成解决问题的行动 /075

05 先人后己
如何停止四处为他人救火却不顾自己的困境 /095

06 眼高手低
如何在工作中不再力不从心 /117

哈洛韦尔分心测试
测一测你的分心程度 /133

第二部分 **5种训练专注力的方法**

07 灵活聚焦
创造最佳状态，准备走向卓越 /137

08 生理觉醒
维持基本的健康和生理功能，保持能量水平 /157

09 激发心智
维持心理和精神健康，提升认知功能 /173

10 人际联结
从人际关系中获取归属感，提升自我效能 /181

11 驾驭情绪
管理好精神状态，清除消极的情绪和信念 /191

12 构建结构
从混沌中发现秩序，在规划中逐步实现目标 /207

结　语 分心也有好工作 /219

注　释 /227

译者后记 有则改之，无则加勉，警惕“时代病” /237

引言

保持专注为什么这么难

DRIVEN TO DISTRACTION AT WORK

多如牛毛的分心事、持续不停地被打断、各种铃声提示音不绝于耳、网络成瘾泛滥猖獗、开会的时候在桌子底下频发信息、大脑回路永远过载、竭尽全力把所有的事情按时按质完成以致把自己搞得身心俱疲……这就是当今时代我们职场状态的写照。不论是工作场所，还是你自己的日程表上，都有太多的要求让你疲于奔命。你无法在工作中聚精会神地做任何一件事，这种情况不仅会让你工作表现不好，还会时常让你感觉到不幸福。

意识到这种普遍存在的压迫感，2014 年时，安·克里滕登（Ann Crittenden）在《纽约时报》上为布里吉德·舒尔特（Brigid Schulte）当年的新书《无处透气》（*Overwhelmed*）写了一篇书评。在书评中，克里滕登认为舒尔特提出的解决办法是“好建议”，但是她继而话锋一转，尖锐而冷酷地说：“舒尔特的建议跟其他的自助建议大同小异，对那些与美国大众的情绪幸福感就算不是势不两立也是毫无帮助的巨大力量视而不见，或者只是轻描淡写。舒尔特简直是在用指甲刀跟武装到牙齿的海豹突击队作战。”[1]

本书提供了一个迥然不同的视角。我完全同意我们正在跟前所未有的巨大力量搏斗，而且现代工作场所也以前所未有的形式令人难以专注。但是我同时也知道，每个人都有可能对分心状态做出调整，让自己的负荷恰到好处，同时在这个过程里感到更快乐、更健康，并且效率更高。

现代社会，让我们分心的东西在将来只会越来越多，而且是呈指数级增长。这也是为什么那些“放之四海而皆准”的建议不会也不可能解决你的问题，如更好地管理时间和待办事项清单、更好地多重任务操作、更加条理分明等。这些都只是“创可贴”而已。你需要的不是这些，而是重新训练专注力。你必须意识到那些隐藏于注意力分散下面的深层问题，尽管这些问题在工作场所里也许会有过之而无不及，并且更难控制，但实际上它们都可以在你的掌控之中。甚至在无法控制的环境里，你仍然可以学到如何达到更有效率的精神状态，如仔细规划、精心准备，以及采用技术技巧等手段，而不是人们惯常使用的那些杂乱无章的控制方法。

在你开始觉得这是痴人说梦之前，可以先看看美国在线（American Online）的 CEO 蒂姆·阿姆斯特朗（Tim Armstrong）的经历，他曾经力挽狂澜，带领这个公司来了一个 180° 的大转弯。为了与“纳米思维病”做斗争，他在美国在线内部实行了一个新政策，叫作“10% 的思考时间”。这个政策要求所有高管每周必须花至少 4 个小时的时间，全身心地投入一项现在已经几乎无人问津的活动——思考。阿姆斯特朗对我说：“对我和美国在线而言，这都是一个改天换地的举措。在未来的时代里，能够慎重对待这件事的公司将会有巨大的竞争优势。”[2]

我们当前的问题是，此时此刻的精神交通拥堵表现在每时每刻都是高峰时段，这源自我们最为投机取巧的成功，也就是在新纪元里那些最惊人的伟大发明。我们创造了节省劳力的设备，它们在现代生活里催生出了无穷无尽、意料之外的信息爆炸。如同阿姆斯特朗和世界上所有有所觉悟的人那样，我们既然能创造出这些东西，就能学会掌控它们。当我们学会如何把丢掉的控制权夺回来，就会有能力更好地管理自己的专注力，不至于在面对每个干扰的时候都缴械投降。

接下来，先让我来告诉大家为什么我能够信誓旦旦地展示如何克服今天的注意力缺失问题。

注意缺陷特质

我是一名专注于研究专注力的医生，一位医学博士。写这本书的时候我46岁，在整个职业生涯中都在研究专注力和生产力。“注意缺陷特质”由我在1994年提出，用以描述那个时候我所观察到的现代工作场所中越来越常见的一个普遍问题。因为我是注意缺陷障碍方面的专家，有很多患者都来寻求我的帮助，他们怀疑自己患有某种形式的注意缺陷障碍或者注意缺陷多动障碍（Attention Deficit Hyperactivity Disorder，ADHD，即俗称的“多动症”）。[3]这些人来我这里就诊的原因是，他们丧失了对任何事情聚精会神的能力。他们永远急急忙忙、顾头不顾尾，在各种任务之间忙来忙去。尽管在疲于奔命之后他们其实已经遥遥领先，却总是担心自己落在后面。他们总是同时处理几件事情，从一个项目跳到另一个项目，打电话的时候同时在发邮件，开会的时候偷偷发信息。一天结束的时候他们总是感到身心俱疲，觉得既没有完成所有的工作任务也没有上佳表现，更不必说做到心平气和了。尽管这些人看起来非常像注意缺陷障碍患者，但是大多数情形下他们并非如此。相反，这些人中的大多数处于现代化人生中一种更为严重的状态，就是我所说的注意缺陷特质。

注意缺陷特质与注意缺陷障碍或者多动症都不一样，因为注意缺陷特质是由情境引起的，并且只在情境里才会发生，而真正的注意缺陷障碍或者多动症是与生俱来的。这也就意味着注意缺陷特质会发作也会消失：你可能在工作日会犯这个毛病，在周末或者假期时它却消失无踪了；或者你可能会在特定的工作场合里出现这种症状，或者在跟某几个特定的人互动的时候发作。注意缺陷特质是人们发展出来的一种应对自身压力的方法，并且由于这些症状实际上在短期内对人们有所帮助，因此它们就会有“黏性”，久而久之就可能固化成习惯，即便生活里的压力不复存在了，它们依然如故。

注意缺陷特质如同病毒一般，通过感官侵入我们的生活，继而侵蚀我们的大脑。各种应接不暇的需求、诱惑和机会都在劫持我们的专注力，让我们脑海中充斥着各种混杂喧嚣的精神噪声，这就是它们出现的方式。接下来，大脑就会渐渐失去对任何事情聚精会神、深思熟虑的能力。

注意缺陷特质的症状会渐渐地侵蚀并且控制一个人。受害者不会体验到任何突发的危机。人们不会说“这都是从我老板开始发疯的那天开始的”，或者“一切都始于公司合并的那一天”，抑或“这是从我拿到 iPhone 那天开始的”。就像阿尔茨海默病一样，注意缺陷特质的出现过程是非常微妙和潜移默化的。普通的工作者会从一系列微不足道的烦恼开始，发现自己的记忆力变得前所未有地糟糕，之后便注意到工作日变得越来越不可预测但是毋庸置疑越来越漫长，然后发现自己越来越吃力，跟不上节奏。你并未意识到自己的人生处境发生了意味深远的变化，忙碌依旧。你勇往直前。你责无旁贷。你“坚韧不拔”并且任劳任怨，即便工作已经堆积如山、无法应付，你也没有半句怨言。

命运给了我一个机会，让我得以尽览注意缺陷特质逐渐流行直到今天让我们吃尽苦头的整个发展过程。我亲眼见证了专注力的消失殆尽，如同化作一团青烟，与此同时，人们还在奋不顾身地追踪那些恐怕世界上最聪明强大的大脑也根本无法处理的海量数据。自从注意缺陷特质出现在现代人的生活中，你便有可能在清晨起床的时候还好好的，但是到了上午 10 点就出现了诸多症状，包括下面这些：

◎ 注意力分散程度逐渐增高，尽管可能并没有什么必要，但是被催促或者急匆匆的感觉一直跟随左右。同时还伴随着越来越明显的感受，生活变得非常空虚：要做的事情太多，但是自己麻木不仁，没有任何感觉。

◎ 没有能力长时间把全部注意力集中到任何事情上，无论是想法、谈话、一幅图像、一段文字、一次日落，还是其他任何事情，甚至你竭尽全力也做不到。

◎ 出现种种逐渐增强的倾向：不耐烦、无聊、不满意、坐立不安、易激惹、挫折感，或者狂躁易怒，有时候还会感到惊恐战栗。

◎ 在各种事情、各种想法，甚至是各个地点之间跳来跳去，无法喘息。

◎ 冲动而不假思索地做决定，而非花时间审慎思考和反思。

◎ 越来越倾向于避免跟他人一起思考，似乎永远没时间这么做。

◎ 不愿进行任何有难度的工作或者谈话，却把时间都用来做无用功，在琐事上忙忙碌碌。

◎ 感觉自己被压得喘不过气，甚至在实际上没有这么严重的时候也有这种感觉。

◎ 因为事情没做完而内疚的心情总是萦绕心头，并且与这些事情是情势所迫、不得已而为之的怨恨心情交织在一起。

◎ 无法尽情享受快乐的时刻和真实的成功感觉。

◎ 频繁跟自己说“我竭尽全力地努力了，但是效果不佳”，不论在工作中还是亲密关系里都是如此。

◎ 出现一种愈演愈烈的对于电子产品“点击”的强迫性需求。例如，查收邮件、打电话、收发短信、随机搜索东西、看自己喜欢的网站、打游戏……一旦接触不到这些东西，就立刻如坐针毡，跟成瘾者的表现几无差别。

◎ 过度承诺，永远大门敞开，经常被随意打断，并且不假思索地对一切事情说“好的”。

如果你发现自己有大多数或者全部上述的感觉和倾向，欢迎来到现代生活。注意缺陷特质无处不在，尤其在工作场所里比比皆是。

注意缺陷特质的危害

注意缺陷特质会让你用从前绝不会使用的方式来跟他人互动。在以前，你是否经常在别人跟你讲话的时候强行把对方“关掉”？当你的同事或者朋友开始长篇大论、兴致勃勃地讲述他觉得有趣的逸闻，或者对你滔滔不绝地倾诉自己心中痛苦的时候，你是否会假装感兴趣但实际上心不在焉？当别人试图向你详细解释一件对你很重要的事情的时候，你的回应是否非常粗鲁，比如经常跟别人说“有话直说”或者“别绕弯子”？

超快的节奏让你不可能去仔细觉察新鲜事物或者不同之处。因此，在没有办法找到新材料来帮你用意料之外的方式思考的时候，你就开始用快捷方便的常见片段来组织思考。刻板印象、口号标语和时髦词条等，作为触发自己反应的刺激，让你方便地确认自己预先准备好的观点、早已成形的信念，乃至信仰。

我们大家早已心知肚明，这个问题已经变得越来越普遍，也越来越严重。每年它都会造成各个组织上千亿美元的经济损失，也搞得每个人的状态就算谈不上头脑不清，至少也是心神不宁。我们因为丧失专注力所付出的最大代价就是工作的产出直线下降。由于各种各样分心的活动，我们浪费了太多的生产力，数量惊人。一项研究表明，在美国每年因为大家刷屏上网导致的浪费大概有 2 828 亿美元。这个数字基于一项研究结果：每个员工在每天 8 小时的工作时间里大概要花两个小时（确切数字是 1.86 小时）来盯着屏幕浪费时间，其中 52% 的时间用来“网上冲浪”。这些浪费的总价值是 5 440 亿美元，其中的 52% 就是 2 828.8 亿美元。[4] 还有一个专门研究信息过载的非营利组织，叫作信息过载研究群组（Information Overload Research Group）。这个组织由很多从业专家、研究者、咨询顾问，以及其他方面的专业人士组成。根据这个组织网页上发布的信息，信息过载浪费了信息产业工作者们大概 25% 的时间，单单这一项每年就会给美国造成 9 970 亿美元的经济损失。[5]

另一种隐形毒药名为“多任务处理”（multitasking），也让我们深受其害，损失了不少的生产力。虽然我们大多数人都认为多任务处理能让自己做更多的事情，但是被证实的现实不是这样的。早在 1995 年，认知心理学家罗伯特·罗杰斯（Robert Rogers）和斯蒂芬·蒙塞尔（Stephen Monsell）的研究文献就有所记录，多任务处理行为的本质就是快速演替，也就是迅速把注意力从一个任务切换到另一个任务上，不论所执行的工作内容如何，这种高速切换都减少了精确度，增加了失误，并且降低了工作的质量。[6]

当然，真正受到损失的绝不仅仅是生产力。想象一下在手术室里发生注意缺陷特质的后果。看看下面这封来自一位医生的电子邮件：

> 作为一位住院实习项目的负责人，我负责监督指导泌尿科和器官移植外科大夫的住院实习。我想要在这里制造和呈现一种良好的环境，让医生们能够在工作中做出明智的决断，不论是在手术室内还是在手术室外。我看到了你对于注意缺陷特质的描述，里面关于大脑的“求生模式”(Survival Mode) 似乎也存在于手术过程中的决策制定，以及医生们日常行医过程中的决定。根据我的观察，在手术室里，医生们一般都是在同时处理很多输入信息（寻呼机、电话、护士、麻醉师、来自密集任务调度的各种延迟……），并且在手术过程中也需要面对大量的分心事件。也就是说，在我看来，手术室的环境本身就是一种容易招致“急性注意缺陷特质”的环境。当手术过程中出现意外，或者当情势需要高度认知能力、创造力和头脑清醒的时候，事情就会变得更加糟糕。滑稽的是，当我们把所有的注意力都用来力保手术安全的时候，实际上分配在患者和手术执行过程上的注意力就少之又少了。[7]

何塞·奥尔特加·伊·加塞特（José Ortega y Gasset）曾经这样写道："每次命运总是出人意料，其表面之下都是悲剧，也都意味深长。那些还没有意识到我们时代的危机已经近在眼前的人们，也就不会理解命运的关键，他们流于表面、懵然无知。"[8] 与加塞特写下这段话的20世纪30年代相比，今天的社会更加变幻莫测和无处可逃，我们所有人都面临着这种流于表面的状况，也都对生命的真谛浑然不觉、懵然无知。

现代社会的危险之处在于，我们变得对那些并不重要的琐事太过于投入，面对任何扑面而来的事情都会埋首忙碌、为其所制，然后就会对那些真正重要的事情和目标视而不见，通过忽视亲手将其摧毁。

应对的方法：训练专注力

虽然我在医学院读书或者住院实习的时候从来没有过这样的计划，过去的30多年里也从来没有作此想法，但现在我已经把专注和专注力聚焦变成了自己的专项工作。这个专项领域在我当年接受训练的时候尚不存在，但在今天已经变得炙手可热。如果你在亚马逊网站上搜索"专注"，可以找到463 374个书名。

大多数人并不把缺乏专注力当成自己的问题的根源，甚至不认为它与自己的问题有任何关系。来找我咨询的客户中，大多数人仅仅是觉得自己不够成功或者快乐。他们并不给自己找借口，也不会责怪系统出了问题，或者自己有个难搞的老板。"也许我生来就是个眼高手低的人"，他们会这么评价，或者"也许我就是心有余而力不足，不具备达成目标所必需的那些条件"。他们对自己的工作、人际关系和家庭担忧不已，但是面对问题时只会一个劲儿地自怨自艾、谴责自己。

人们往往会让自己的处境雪上加霜。如果他们有哪怕一点点意识，认识到自己的问题与受损的专注力相关，早就去直接尝试克服这个毛病了。但是，这就好比一个得了近视眼的人，想要通过用力眯眼睛来解决问题一样。你越是竭尽全力，就会输得越惨，然后便越发地责难自己，这就让问题变得更加严重。你需要的不是更努力，而是应该换个更聪明的办法来应对。

这本书就是要教你用更聪明的方法来应对问题，而不是为你加油鼓劲儿。首先，你要学会意识到和处理 6 种工作中最常见的分心情况，或者工作中注意缺陷特质的症状；然后，学习一系列新的技巧来逐渐管理自己的专注力，掌握新的工具来克服那些拖你后腿的分心事，进而潜心工作，尽展所能。

DRIVEN TO DISTRACTION AT WORK

第一部分

工作中最常见的 6 种分心类型

HOW TO FOCUS AND BE MORE PRODUCTIVE

01

网络成瘾

如何控制你的电子产品
而不是被它们所控制

莱斯正紧盯着永远调节到与视线同等高度的电脑屏幕，他轻松自如地敲击着键盘，有如开着飞机自动驾驶仪一般不费吹灰之力，流畅的节奏仿佛是一个钢琴家正在重复已经弹奏过千百次的曲子。他的脸上看不到任何情绪，手指在键盘上高速飞舞，除了身体在轻微而有节奏地前后摇摆之外，没有其他任何动作。

莱斯的浏览器总是同时开着好几个窗口。其中一个是晨星网（Morningstar），他在上面查找写报告所需要的各种收益和趋势数据。另外还有《赫芬顿邮报》的博客、娱乐与体育节目电视网（ESPN）的网页，以及 eBay。莱斯从这个购物网站上买了哈雷戴维森摩托车配件、艺术装饰灯罩和其他满足他购物欲的东西。

当然了，莱斯本来还开着“肌肤先生”（Mrskin）的页面，他可以在上面纵情浏览女明星们的美照，或者观看最新影片的精彩片段。但是现在他已经把注意力转向了食物，想着下班之后要买菜做饭，于是就顺手查看了《库克食谱画报》（*Cook's Illustrated*）的网站。由于莱斯和妻子正在备孕，因此他又打开了一个妻子告诉他的生育日历网站。

实际上，从莱斯的网页浏览历史记录里可以看出来，他在白天上班时脑子里胡思乱想的每个念头都有自己专门的网站。与此同时，他的邮箱不停地叮咚作响，手机频繁地发出短信提示音。它们像嗷嗷待哺的小狗一样，也在争夺着莱斯的注意力。

在写报告的时候，莱斯俨然是个自动驾驶仪。他可以流畅地用各种熟悉的模式对数字和文本进行复制粘贴，毫无停滞。他不仅对自己的键盘烂熟于心，根本不用低头看，甚至都不需要停下来思考。他的医生已经告诉过他，从整形外科的角度而言，眼睛平视屏幕的姿势要比低头俯视更好，因此抬头挺胸地直视前方的屏幕已经成为莱斯永久的工作姿态。

莱斯的老板卡尔有时候会走过来看看他。除非有私密的会议，莱斯办公室的门在工作的时候总是敞开的。但是因为他的电脑屏幕背对着办公室的门口，卡尔看不见莱斯的电脑上到底有什么。“莱斯，我其实根本看不出来你到底是在勤奋工作还是在做白日梦。”卡尔曾经这样对他说过。

“卡尔，你可以观察我的手指头，”莱斯有时候略带防御性地回应他的老板，“你可以看到我的手指头一直在飞速移动，这证明了我一直都在勤奋地工作。”

“不是的，你误会我了，”卡尔回应道，“有时候我真的希望你的手能够停一会儿，坐在那里好好想想我们应该投资什么样的新公司，你过去经常这么做。思考同样也是工作，而且你是个非常聪明的人，我们真的希望你能给出更多的好主意。”

“好的，卡尔，我会尽力而为。”尽管莱斯这样回答，但他心里可不是这么想的：思考可以啊，但前提是我要先把这些堆积如山的工作都做完，有这么多活儿要干，我哪里有时间浪费在思考上！

寻找你的影子一

若你具有本章所描述的注意缺陷特质类型，
则倾向于认同以下特点：

- 如果手机不在身边，我会感到不安。
- 我有时候不知不觉就在网上浪费了一个小时的时间。
- 我要做的事情总是比时间多。
- 我缺乏自律。
- 在工作中和家里我都会偷偷上网。
- 在工作压力大的时候，我总会躲到网络世界里。
- 我吃午饭时不能不带着手机。
- 我工作未尽全力。
- 我志存高远，但就是不知道怎么去做。

作为一名投资公司的分析师，莱斯的主要工作是为上级搜寻、筛选他们感兴趣的公司的相关数据。因为莱斯的数据汇总报告精雕细琢，而且以时间规律和内容精准而著称，所以他得到的报酬自然也就非常丰厚。但是，在过去的一段时间里，特别是最近这半年，莱斯发现自己身上逐渐出现了一些细微但却不可忽视的变化。他感觉自己渐渐变成了他曾经称为“愚蠢”的样子，觉得自己曾经拥有的对投资的天赋和灵感已经一去不复返了。当然，现在除了他自己之外，还没有别人知道这件事。但是对莱斯来说，虽然自己竭尽全力地否认，但现状已然毋庸置疑，尤其是内心那时隐时现的空虚感。

仿佛这些年来，莱斯撰写报告所用的数据一直在腐蚀着他的头脑，如同大量有毒的尘埃，在一步步地残杀着他的好奇心、敏锐度和激情，渐渐地让他每天醒来后就陷入一种乏味而又孤寂的心理状态里。但是，当他在忙着撰写这些报告的时候，又有足够多的活动让他保持忙碌。这些手指、眼睛，甚至是神经元突触的大量运动，形成了一种假象。尽管机械的手指重复运动和乏味的大脑思维一起为莱斯提供着刺激，让他的大脑不至于退化，但是这些活动毫无新意，也缺乏深度。莱斯觉得自己一直在“空档滑行”，所做的工作毫无挑战性。他感觉不到任何困难，也看不到丝毫成长。

即便莱斯能够发现现在的自己和几年前有着明显的差异，他对自己进行精确观察的能力仍然在渐渐退化。与此同时，仿佛中了无处不在而又充满诱惑的各种网页的魔法，他的思维被网络空间所吞噬。面对着这种让人彻底痴迷沉醉、长睡不醒的强大力量，他彻底缴械投降了。

成堆的网页窗口总是占据着莱斯注意力的核心地带。它们如同八爪鱼的触角一般成为莱斯物理躯体的延伸：在办公室里永远与他的视线平齐，在地铁里一直点亮在他的掌心，在餐桌上和他的刀叉相依相偎，在走路或者跑步的时候挂在他的运动服上，甚至在床头柜上伴他入眠。

“黏”人的网络世界

作为一个42岁的已婚男性，莱斯知道自己的生活危机重重，他似乎在万事大吉和万劫不复两个极端之间步履蹒跚地摇晃着。用不了多久，他就会掉到其中一边去。他对自己是如何知道自己处于危机中的几乎毫无头绪，似乎有个渐渐远去的声音时常试图唤起他的注意，就像一个在人生赛场的边线外给他鼓劲儿的老教练一样。那个声音在说：“莱斯，你正在失去追求理想人生的机会，你离梦想越来越远，快点振作起来吧！”

但是这个声音很快就被潮水般涌来的工作淹没了。莱斯怎么能够不理会工作的事情呢？如果他非常富有，自然会去追逐梦想，会去思考人生的意义，会去留意自己内心的声音。但是他现在离富裕还有十万八千里，因此必须先把支付给他薪水的工作干完再说。追寻梦想或者思考人生可不能让老板给他发工资。

“我必须面对现实呀，”莱斯对妻子琳恩这么说，“如果我们打算继续在这里过日子，还要养个孩子，那我就不得不脚踏实地工作啊。”

“莱斯，你这样并不是在面对现实，”琳恩回答说，“你实际上是在逃避。你的心思从来就不在我这里，你更爱你的电脑。你的精神越来越恍惚了。”

“这是因为我的工作碰巧必须要跟电脑和网络打交道，这你是知道的。”

“就算现在我在这里一丝不挂地坐着，你也根本注意不到。这太不正常了。”

“亲爱的，我当然会注意到了。我爱你啊。你是我见过的最性感美丽的女孩。”莱斯回答道，同时试探地伸出一只手，但是琳恩不为所动。

“我现在简直哭笑不得，”琳恩继续说，“至于我们要小孩的事情，除非神仙显灵，否则我们也别指望了。”

“太对不起了，”莱斯说，“我知道我最近实在是太魂不守舍了。”

“其实最让人心寒的是，”琳恩回答道，“你实际上已经这样心不在焉好几年了，但你自己一点也不知道。”

其实，莱斯对自己的状态是有所察觉的。那个“老教练”的声音时常在他耳边回响，在他入睡的过程中、洗澡的时候、偶尔放松警惕的间隙。有时候他会突然战栗一下，仿佛被“真相警察”逮了个现行。但是莱斯并没有太留意这些警告，而是急急忙忙地去应付每天的工作，他像模像样地例行公事，这样他和琳恩的生活至少看上去仍然风平浪静。

莱斯丝毫没意识到自己在做什么，就潜移默化地形成了一个习惯，直到这个习惯变成了一种强迫：必须要待在一个电子屏幕前面。这也许听起来非常荒谬可笑，但是如果他哪怕只有一两分钟无法登录电子邮箱，就会感到心痒难耐，迫不及待地渴望收到邮件。他自己也明白这个状况，但始终试图去否认它的存在，以便自己可以什么都不用做。与此同时，他把需要跟上工作节奏当作合理化的借口，从而把自己“粘贴”在更多的电子屏幕面前，甚至在洗手间或者会议室里，他也在收发信息或者浏览网页。为了不让别人觉得他傲慢无礼，莱斯发明了一系列聪明的招式，把自己的行动在他人面前隐藏起来。他还练就了更离谱的本领，就是哪怕对一个问题一无所知也能侃侃而谈。

举例来说，如果在一个会议中，莱斯只是听到了自己的名字，他能将其作为线索，从嘴里蹦出几个词，把自己刚刚走神的事情掩饰得天衣无缝。他可能会说“我认为我们应该获得更多的信息”，或者“到目前为止，我对咱们讨论的方向非常乐观，尽管可能有些人还没感觉到，但很显然我们的团队合作气氛很浓”，又或者“兼听则明，看看两方面的事实总是利大于弊嘛”。他最喜欢说的是“我正好想到上周我们讨论过的一个观点，我们能不能在这里回顾一下”。这个说辞不仅能让他坦然地承认自己刚刚走神了，还能表明他的走神事出有因、合情合理。

莱斯与各种电子屏幕的互动时间越多，就与真正的活人的互动机会越少。过了一阵子之后，他发现跟过去相比，周围的人们更让他心烦意乱了。他们不受控制、缺乏礼貌、不愿意合作、自私自利，诸如此类。与此同时，他发现自己越来越享受网络世界带来的舒适和刺激，虽然他从来不打游戏。数字化的存在方式对他来说简直是现实生活的升级版。在电子屏幕的世界里，他感觉一切尽在掌握中，而且还能时时刻刻感受到刺激，从来不会觉得无聊。最让他开心的是，他沉浸在网络世界的时候还能有工资拿。

网络世界简直是一个人间仙境。莱斯甚至莫名其妙地认为它能挽救他的生活，也会让他实现所有的梦想。这是一个令人痛苦的悖论——这个“人间仙境”实际上正在日复一日慢慢地摧毁他的生活、婚姻，乃至他所有的梦想。他被一个电磁场牢牢地吸了进去。

琳恩曾经警告过莱斯，卡尔也提醒他了。当卡尔催促莱斯进行更多思考的时候，就是在对他发出警告。实际上，卡尔对莱斯创新能力的珍惜程度远远超过了莱斯自己的想象。莱斯原本可以从善如流，相信琳恩和卡尔，并且充分发挥自己的潜能来克服目前的困难，但他对他们的反对意见置若罔闻，这就是暗中侵蚀着莱斯的那种令人愈陷愈深的强迫症状的强大力量。

新型注意缺陷特质：网络成瘾

莱斯这种类型的注意缺陷特质，也就是越来越严重的上网强迫行为，导致他对其他任何事情都难以聚焦。这在当今社会中是一种越来越常见的注意缺陷特质类型。强迫性地使用各种电子产品曾经只是个玩笑，但现在已经成为一个非常严重且波及面很广的问题。这是一种新型的成瘾症，并且与其他任何成瘾行为一样，最严重的情况下可能会导致非常残酷的后果。

在职业生涯中我曾经和许多不同类型的成瘾者相处，我发现大家对这个人群认识最为不足的事实就是，他们中的大多数人都才华横溢。千百年来，成瘾者们做着和莱斯一模一样的事情——一步一步地自我毁灭。但不论是哪一种成瘾者，他们身上都具有某种被掩盖压制了的能力，甚至是惊人的天赋，这实际上是一种普遍规律而绝不是例外情况。社会通常总把最尖酸刻薄的嘲笑施加给成瘾者们，在他们本已十分艰难的人生中再添加一些耻辱。但是，一旦获得了对自己成瘾行为的控制，他们就会对整个世界做出不可思议的贡献。

网络成瘾是一个全新的问题，莱斯这种特定的成瘾情况通常会被忽略，甚至不被认为是一种成瘾行为。即便莱斯在某种程度上对自己的情况心知肚明，但他实际上一直在对其进行否认，这是这种成瘾行为从未得到过帮助的主要原因之一。

成瘾症患者最常用来合理化自己行为，并且继续上瘾的把戏之一就是否认。正因为电子产品对大多数工作而言的确是必不可少的，我们并不把它们与成瘾心理机制联系在一起。但与此同时，成瘾却恰恰是莱斯真正的问题所在。如果莱斯能够对自己的过去反思一下，就会回忆起父亲和母亲的情况。虽然他们不是100%的酒精成瘾患者，但都曾经挣扎着控制自己的酗酒行为，并且给莱斯带来了很多让他难以忘记的尴尬场面。他还会记起自己在上大学的时候吸烟，并且只是在社会压力变得非常巨大的时候才成功地戒掉了。他应该会意识到自己实际上有着与生俱来的、对各种强迫和成瘾活动的脆弱性和易感性，从物欲到消费欲和赌博，还有电子产品。对各种各样成瘾行为的易感性，实际上存在于你的遗传基因里。

现代生活中有各种各样的电子产品成瘾行为，或者是有自我毁灭倾向的电子产品使用恶习。以下列举的例子，全都是从我的临床实践中抽取的，但也只是这种现象的冰山一角：

◎ 一个学生过度痴迷于电子游戏，以至于无法完成任何家庭作业、学习任务和考试测验，最后不得不选择退学。

◎ 在开会的过程中，一位女士偷偷摸摸地用手机网购。她不仅仅是冒着丢工作的危险，同时信用卡上也负债累累，让她的婚姻和财务偿付能力都备受威胁。

◎ 一位男士因为过度痴迷于网络色情网站而丢掉了自己的工作和婚姻。

◎ 一位女士发展了一段网络出轨的恋情，对方是她在网络聊天室遇到的一位完全不了解的男士，这段恋情让她自己的婚姻濒临崩溃。

◎ 一位男士花太多时间玩手机，他的雇主多次劝告无效后，将其解雇。

从配偶到父母，再到老板，乃至空乘人员，没人能够幸免，心理医生们为了跟电子产品成瘾做斗争而绞尽脑汁。作为始作俑者，现在既然已经燃起了这场熊熊大火，怎么才能不让自己对世界失去控制呢？

因为这种新形式的成瘾是史无前例的，我们没法从过去的经验里获得具体详细的指导来对症下药。但是我们能从之前处理其他形式的成瘾和不良行为的经验里找到一些通用性的建议。我们还需要觉察到所有这些变化和每一项新技术给人们带来的恐惧和困扰，继而调整与缓和我们自身的警报系统。例如，当火车最初成为人类旅行的普遍方式的时候，很多新闻媒体都在大肆宣扬，飞驰的列车会导致人的大脑受损；当电话技术被广泛传播的时候，专家们都认为它会引发脑瘤以及人们面对面沟通能力的退化。迄今为止，我们依然能够听到有人扼腕叹息和振臂高呼看电视对人类的巨大伤害，他们认为电视是“脑残盒”（idiot box），就算不能让我们完全疯狂，也会不可避免地导致我们和子孙后代的心智能力下降。

虽然我们需要警惕自己不要像那些杞人忧天者或者卢德分子[①] 那样对技术进步切齿痛恨，但是也不能对已经发生的变化视而不见：短短几年之间，各种各样的新奇技术润物细无声地渗透到了人们生活中的每个角落，并且产生了巨大的问题。当然，电子产品也带来了很多益处，在某种程度上弥补了网络成瘾所带来的种种问题。在波士顿马拉松爆炸事件[②] 之后的那一夜，正是这些电子产品帮参赛者们和观众找到了住宿场所；也是电子产品帮助印度的穷苦人家找到了与医疗保健、饮水食物相关的重要信息。确实，在当今社会里，对那些不能使用这些电子产品的人而言，经济和社会生活都会举步维艰。但就像火既能够带来健康也会带来伤害一样，我们手里的电子产品也是一把双刃剑。它们带来的益处显而易见，但是存在的问题往往不那么明显。关于电子产品带来的益处和问题，请参考表 1-1。

① 卢德分子指 19 世纪初英国手工业工人中参加捣毁机器的人，现在泛指反对机械化或自动化的人。——编者注

② 波士顿马拉松爆炸事件发生在 2013 年 4 月 15 日，美国马萨诸塞州波士顿科普里广场。此次爆炸共造成 3 人死亡，183 人受伤。——编者注

表 1-1　　电子产品带来的益处和问题

益处	问题
即时通信：语音、短信、视频或者照片，如果你愿意，可以将其一次性地发送给多个人	打扰生活和工作，短消息和邮件抄送过多
发送和回应速度超快	冲动反应
便携，无时无地不能使用	粗鲁、侵犯性
知道或者想到的任何事情都可以即刻获得	信息过量，信息不可靠或者未被过滤
便携的消遣娱乐设备	形成习惯，甚至上瘾
任何时间都可以跟任何人取得联系	设备之间的“电子时刻”替代了人与人之间的“面对面时刻”
私密性	隐私的幻觉：对话会被监听或者盗取
快速	快速背后的肤浅
海量数据	数据太多，思考不足
电子屏幕可以使人集中注意力	催眠式的浪费时间

网络成瘾的内在机制

你可能习惯连续几个小时一直看电视或听收音机，但是这些信息流都是单向的：电视和广播发送信息，你接收信息之后并不需要回复。我们手里的电子产品就不一样了，它们都是双向通信设备，你用一种电视和广播做不到的方式参与互动。网络让我们生活在一个数字宇宙里，其中包含了我们生活中的一切。我们可以在网上买卖商品、聊天、访谈、设计花园、买房子、寻找配偶、规划婚姻，或者取得更高的学历。

人们很容易对某种线上活动上瘾。成百上千个栩栩如生的在线赌博网站诱惑着你，你输入自己的信用卡信息：看！这就是为你私人定制的拉斯维加斯。这里跟真正的赌场没有区别，你同样可以一夜暴富或赤贫，大脑同样会充满多巴胺，享受一样的刺激。还有其他很多容易上瘾或者产生冲动的活动，如在线购物等，都用不着你真人在场，在线做也毫无二致。

现在情形变得更加危险了。就像莱斯那样，一个人可能会逐渐上瘾并难以自拔，但是让他上瘾的东西并非寻常意义上的成瘾事物，如赌博、药物、购物等。可怕的情形是，哪怕仅仅是待在网络上的感觉都可以让人成瘾。从生物学的角度来看，传统成瘾行为和过度上网的新成瘾行为所激活的多巴胺回路是一样的。①

我访问过很多有这种问题的人，他们都说自己需要这种上网所带来的自由自在、无拘无束的精神状态。他们也谈到了不能得到这种状态时的强烈渴望，以及如果一个地方没有无线网络的话会多么令人恼火。这些人承认自己就是因为这种强烈的渴望而导致了社会关系的破裂，甚至失去了工作。但他们又把这种上网的满足感当成能够缓解每天痛苦的审美愉悦。

我们能做些什么呢？在讨论解决方案之前，我们似乎需要先给它起个名字，再找个框架来理解这个问题，还需要选择一套词汇来讨论我们所面对的一切。

让人啼笑皆非的是，在所有领域里面，最有效的处理电子产品使用问题的标准流程来自航空业。他们应对这种情况有着多年的经验，现在轮到我们来找出正确的应对策略和流程了。面对网络成瘾，经验不足的我们必须去指导那些经验更少的成瘾者。如果我们连如何称呼这种对于电子产品的过度沉溺或者不恰当使用的现象都不知道的话，当然也就不可能驾轻就熟地谈论它。我们甚至连什么程度才算是过度或者不恰当都不知道。

10年前，微软的前高管琳达·斯通（Linda Stone）发现，人们对所有事情的关注都是“持续的部分注意力”。[1] 我们永远都在搜索寻找着，寻找下一个兴奋点、下一个火花、下一个带来幸福的好消息或者让人痛苦的坏消息，不管那些五花八门的信息能够点亮我们大脑里的哪个角落。我们在电子屏幕面前难以自拔的原因是，我们在期待下面会出现的东西，就像赌徒等着看骰子的点数一样。

① 由美国著名神经学家大卫·林登（David Linden）创作的《寻找爽点》对这个问题进行了详细的论述，其中文简体字版已由湛庐文化策划、浙江人民出版社出版。——编者注

从斯通第一次指出这个现象开始，这种“持续的部分注意力”问题就已经愈演愈烈了，并且成为这个时代的一个难题。这种电子产品成瘾现象在不同的领域里有着不一样的名字，如问题性电脑使用（Problematic Computer Use）、电脑成瘾（Computer Addiction）、通信成瘾障碍（Communication Addiction Disorder），以及网络成瘾（Internet Addiction）。这个问题也在《精神障碍诊断与统计手册（第5版）》（DSM-5）里第一次出现，被命名为“网络使用障碍”（Internet Use Disorder）。后来，这个定义被修改用以描述更窄范围的问题，更名为“网络游戏障碍”（Internet Gaming Disorder）。这并非官方的正式诊断，仅仅是DSM-5里面列举的“需要进一步研究”的项目之一。DSM-5是这样定义网络游戏障碍的：

> 持续地、反复地使用网络来参与游戏，经常与其他人一起游戏，导致临床显著的损害或痛苦，在12个月内表现为下述5个（或更多）标准：
>
> 1. 沉湎于网络游戏（个体想着先前的游戏活动或预期玩下一个游戏；网络游戏成为日常生活中的主要活动）。注：该障碍不同于网络赌博，后者被包括在赌博障碍中。
>
> 2. 当网络游戏被停止后出现戒断症状（这些症状通常被描述为烦躁、焦虑或悲伤，但没有药物戒断的躯体体征）。
>
> 3. 耐受，需要花费逐渐增加的时间来参与网络游戏。
>
> 4. 不成功地试图控制自己参与网络游戏。
>
> 5. 作为结果，除了网络游戏之外，对先前的爱好和娱乐失去兴趣。
>
> 6. 尽管有心理社会问题，仍然继续过度使用网络游戏。
>
> 7. 关于网络游戏的量，欺骗家庭成员、治疗师或他人。
>
> 8. 使用网络游戏来逃避或缓解负性心境（例如，无助感、内疚、焦虑）。
>
> 9. 由于参与网络游戏，损害或失去重要的关系、工作或教育或职业机会。注：仅有非赌博性的网络游戏被包括在该障碍中。从事商业或职业活

动需要的网络使用不包括在其中。该障碍也不包括旨在涉及其他娱乐或社交的网络使用。类似的，性网站也应被除外。

标注目前的严重程度：

基于对日常活动的破坏程度，网络游戏障碍可以是轻度、中度或重度。

有较轻度网络游戏障碍的个体可能表现较少的症状，并对他们日常生活的破坏较少。而那些有严重网络游戏障碍的个体会花费更多的时间在电脑上，以及在人际关系或职业或就学的机会方面遭受更严重的损失。

这种网络游戏障碍仅包括非赌博性质的网络游戏，商业需要或者职业需要的网络使用不包括在其中，同时也无意包含娱乐性或者社交性的网络使用。同理，它也排除了色情网站使用的情况。

网络游戏障碍有不同的强度：轻微、中等，或者严重，这取决于其对正常活动的干扰程度。那些网络游戏障碍不太严重的个体所呈现出的症状可能不太明显，生活被干扰的程度也较低；而那些严重的网络游戏障碍患者则会把大量的时间花在电脑面前，并且在人际关系、事业，或者学业机会中的损失更为严重。[2]

我发现 DSM-5 里的描述太过于狭义，实际的问题比打网络游戏本身要严重得多。我选择用一种尽可能宽泛和含义更广的术语来命名这些症状：电子产品问题性使用（Problematic Use of Electronic Devices），这样就可以覆盖尽可能多的情形。在我的分类中，任何电子产品的使用，包括通信、学习、商业、娱乐，或者其他任何目的，只要使用者自己以及其他任何人或群组感觉到存在严重的问题，就可以考虑让医学或者精神健康的专业人士来进行诊断并且治疗。我故意让这个定义模棱两可、模糊不清，是因为这个领域本来就是似是而非的中间地带。在一个场景下显得合情合理的行为，在另一个场景下可能会显得非常过分。前面已经讲过，这里并没有被一致认可的通行准则。在通勤列车上打电话，对某些乘客而言是合情合理的事情，但是另一些乘客可能会觉得难以忍受；在进餐过程中接电话对一个人而言可能没什么大惊小怪的，但是另一个人可能会觉得较为过分。对一个人来说很成问题的电子产品的使用量，在另一个人身上可能就很合适。

我将电子产品问题性使用分成了5个不同的层次（参考表1-2）。莱斯已经达到了第5级，也就是成瘾级别。他需要帮助。虽然他已经模糊地意识到自己所面临的问题，但是实际上最能帮助他恢复正常生活的方法是接受一些外来的干预措施。即便对那些善于危言耸听的人而言，这也可能让他们觉得不可思议，"恢复""干预"这样的术语居然会用到电子产品的使用上，毕竟它们一直都被我们看成当代最伟大的发明之一。然而，我们现在正处在一个严峻的阶段，这些妙不可言的工具能够并且已经侵害或毁灭了我们的生活。幸运的是，现在我们已经有了非常可靠的方法来帮助像莱斯这样的人。

表1-2　电子产品问题性使用的严重程度

严重程度	相关症状
0. 不存在	没有症状
1. 冲突	至少让身边的一个人感到厌烦
2. 轻度	身边其他人都感到厌烦，并且他人的劝阻并不能让电子产品的使用量减少
3. 中度	身边其他人都感到厌烦，并且对使用者的个人、学业或者职业生活都造成了一定程度的影响。使用者本人可能否认问题的存在
4. 重度	不仅让其他人都感到厌烦，而且已经明显地破坏了使用者的个人、学业或者职业生活。本人可能会否认或者承认问题的存在。本人感到自己对问题束手无策
5. 成瘾	不仅让他人感到厌烦和损害自己的个人、学业或者事业生活，并且达到了成瘾的状态，至少包括下述6个成瘾特征中的两个： （1）重要性。此项成瘾活动成为本人生活中至关重要的一部分 （2）情绪变化。使用电子产品时有高潮、舒缓，或者麻木的感受 （3）耐受性。需要越来越多的使用量来达到同样的效果 （4）退行。当不能使用电子产品的时候，会出现下面的症状：渴望、易激惹、愤怒、躁动不安、讨价还价、打破规则获得使用机会、失眠、半夜醒来、梦见使用情景、不能专心，甚至会出现躯体化症状，如头痛、消化不良、肌肉抽搐、来回踱步、不特定的肌肉骨骼阵痛和疼痛、昏睡、不省人事等 （5）冲突。因为电子产品的使用问题跟自己或者他人起冲突 （6）旧病复发。当被允许继续使用的时候，会故态复萌，重现之前的病态模式

网络成瘾行为的应对方法

莱斯这样的人要想解决自己的问题，首先需要认识到自己的问题，同时承认这个问题的严重性。过度使用电子产品这个说法听起来像是玩笑话，而今已经不再只是个笑话，莱斯真正成了这个问题的受害者。这已经成为现代社会主要的认知障碍之一。跟其他类似的成瘾或者坏习惯一样，它需要克服的第一个环节就是否认。莱斯并不愿意失去自己的“奶嘴儿”——他心爱的电子产品，因为跟自己的真实生活比起来，他更喜欢虚拟世界。成瘾本身给他带来了一种现实生活里不常获得的愉悦精神状态。尽管有个善良贤惠的妻子、一个充满机会的工作和一个非常器重他的老板，莱斯依然掉进了成瘾的怪圈。这是因为他对自己缺乏基本的自信，并且对事业发展有一种深深的无力感。

我的任务是给莱斯足够多的挑战，让他对此给予足够的重视，但同时又不至于产生被鞭挞的感觉，因为他已经不堪重负了。成瘾者往往对自己很不满，对世界也愤愤不已。实际上，成瘾者们往往是社会上最被人轻视的群体之一，不仅妄自菲薄，还要承受他人对自己的嘲弄。我需要做的就是，把莱斯内心深处对自己所做的道德评判，也就是那些“你很坏、很软弱、不自律，是个失败者”的想法，替换成中性或者能够带来一些希望的评判，如“你有个重要的礼物尚未开启”。

我会一边告诉莱斯他才华横溢，一边督促他别闲待着浪费天资，干点正经事。他对我怒不可遏反而是个好现象。愤怒能够刺激行动，是一个人不再浑浑噩噩的第一步。但是我需要随时小心翼翼，不能真的伤害到他的感受，否则他会畏缩不前，不再沟通。

跟大多数成瘾人群一样，莱斯实际上拥有的才华比他自己意识到的要多得多。我愿意去帮助各种成瘾者的原因之一就是，一旦他们从否定中走出来并且感受到一些希望，就有很大的潜力取得巨大进步。各种成瘾者所造成的经济损失远超一般人的想象。这些成瘾问题不仅导致了成千上万的疾病和死亡，更导致了工作中不佳或者糟糕的绩效表现，莱斯的情况就是一个活生生的例子。

解决办法听起来很简单，但是做到很难：关上设备（Turn it off）。当然，如果真的那么轻而易举，我们也就无须劳神去做什么干预项目了，各种成瘾（烟草、酒精、药物、性、食物，乃至赌博）也就不至于在美国每年造成 5 590 亿美元的损失了。[3]

事实上，面对成瘾问题，科学到目前为止还没有能力解决。迄今为止，我们还没有发现任何干预项目能持续取得哪怕是并不显著的成功。匿名戒酒会的 12 步程序被大家公认为戒除成瘾的黄金标准，实际上其成功率之低出人意料，但是这种令人失望的纪录居然是我们最拿得出手的战绩。每 15 个参加 12 步程序的人里面，只有 1 个人能够回归到适度节制的状态，也就是说其成功率只有令人沮丧的 5% ～ 10%。这并不是说我不建议大家参加匿名戒酒会和 12 步程序，实际上我很支持大家参与。这是目前我们能看到的最好的标准程序。它们开始于所有治疗项目应有的起点：建立人际联结。12 步程序达到目的的核心办法就是用人与人之间的伙伴关系来代替药物滥用。

在对莱斯的治疗过程中，我也同样把人际联结当作处方来代替他的刷屏行为。虽然让他接受并不容易，但这实际上是最好的办法。以此为起点，我遵循了哈佛医学院退休教授、医学博士兰斯·杜德思（Lance Dodes）提出的心理学模型。杜德思的整个职业生涯都在帮助那些在成瘾中苦苦挣扎的人们。他认为成瘾行为实际上是成瘾者用来对抗那种压倒一切的无助感的工具。每当成瘾者决定去使用成瘾物时，不论是酒精、性、购物、赌博，还是电子产品，他们的感觉就会好很多。仅仅是做出使用成瘾物的决定，就会让人倍感轻松和愉悦。最开始带来快感的并非成瘾物质或者成瘾行为，而是那种去使用的决定本身。做出这样的决定就能够使成瘾者用一种掌控感来代替那种无助感，于是他们在实际使用成瘾物质或者做出成瘾行为之前就获得了好处。

杜德思继而提出成瘾的功能就是缓解无助感，而背后的驱动力就是对这种无助感的愤怒，就像是身陷囹圄的囚犯对自己身边铁窗的那种怨恨。这种愤怒如此之强烈，以至于遮盖了合理的判断，甚至置自己的利益于不顾。如果能够感受这种愤怒并且直接将其表达出来，就可以扭转成瘾行为，但是成瘾者们却不愿意这么做，而是宁可采用迂回策略。用杜德思的话来说，就是“每种成瘾行为都是对一种更直接行为的替代”。[4]

在我跟莱斯建立人际联结的背景下，我们成功地提取出来了他的感受，并且找到了直接表达的方法。因为事业不能更上一层楼，也因为他没法达到自己或者别人的要求，莱斯确实有一种深深的无助感。同时，他也感受到了自己的愤怒，那种觉得自己停步不前、永无出路的愤怒。一旦他开始接触这些感受，放弃那种由成瘾行为领域里另一位大师——爱德华·康迪泽恩（Edward Khantzian）博士所说的“自我治疗”的行为，将之替换成一种更具有建设性的情绪表达方式，就可以让自己从这个成瘾的保护壳中彻底走出来。[5]

在跟成瘾行为、接近成瘾的行为以及适应不良的行为做斗争的过程中，我的建议是一种混合的方法，一方面是 12 步程序，另一方面是杜德思的心理学模型。在我对莱斯的治疗过程中，他并没有太多的刺激反应，这实在是意料之外的幸运。因为对那些并非被法庭强制送治、已经走投无路的成瘾者而言，这种情况并不常见。他之所以来找我求助是因为读过我的一本书，并且在里面看到了自己的影子。“我想来看看你这里是怎么回事”，他是这么说的。

如果莱斯没有走进我工作室的这扇门，就很有可能在寻求帮助之前先失去了自己的工作和婚姻。但是上天垂怜，让我们有了个很好的开始。在莱斯的太太琳恩和老板卡尔的配合下，我制订了一个计划，让莱斯能够更为客观地观察自己的行为，并且能够从我介绍给他的一些有着不同成瘾问题的人身上获得帮助。另外，我还让他用一个以减少刷屏时间为目的的行为来改变每天的计划，用更能够刺激他创造能力的活动来代替网络成瘾行为。当我把这个治疗计划运用到莱斯和其他相似的成瘾者身上时，我发现计划中的每一点都指出了成瘾行为的一个风险：

1. 能量。对于电子产品的成瘾使用会逐渐吸干人们的精神能量，就像缓慢的脑部出血一样。

2. 情绪。当你沉浸在网络中的时候，就会进入一种近乎昏迷和情绪空洞的状态。你感觉不到任何喜怒哀乐，几乎没有任何感受。

3. 投入。你几乎感觉不到任何情绪，唯一的感受就是对上网本身的全神贯注。随着这种神经突触刺激的增加，你会对其他本来应该去投入的重要的任务、人物和想法都提不起兴趣来。

4. 结构。电子产品的结构，以及它与你建立联结的过程，都会让你把自己的注意力双手奉上。这是一个自身结构给我们带来麻烦的很好的例子。那些曾经是朋友的力量现在却成了你的敌人，而且是被你允许的。

5. 控制。对于所有的坏习惯来说都是如此，没有运用自己本来就有的控制能力，在某种程度上就失去了这种能力。这恰恰就是干预行为的目标——恢复你的控制能力。

大多数有刷屏问题的人并未严重到莱斯这样的成瘾或者接近成瘾的地步。无论如何，这样的问题都会让人们的工作效率产生显著的下降。我提供了一些实用的窍门来帮助大家解决这个问题。

解决方法 减少网络成瘾的 10 个诀窍

1. 诚实评估你每天在这些电子产品上花了多少时间。大多数人的估算过于粗略，而且在数字上严重低估了自己。如果你要做一个电子产品的用量记录，记下开关机的时间或者电子邮箱等软件的登入退出时间就可以了。

2. 基于你的用量记录或者估算的用量记录，找找看可以从何处下手开始减量。这可能是你数一数二最浪费时间的地方了，因此别浪费这次把那些自己心甘情愿缴械的时间拿回来的机会。

3. 在日常生活里找几个时间段，专门用来看电子屏幕。早上半小时或者下午半小时，找个对你自己来说合适的时间。在这些专用时间段之外，就把电子产品关机吧。如果你有紧急事务需要处理，就让你的助理来提醒你。让你的同事和客户们都知道，你不会随时或者及时回复他们。

4. 在社交过程中保持电子产品关闭，比如午餐或者跟人喝咖啡的时候。

5. 当你感到无聊的时候，别把电子产品当"奶嘴儿"。干点儿更有效率的事情，比如把自己之前一直想读的文章找出来读，或者给你一直都想要联系的朋友打电话，抑或去写那封你一直因为麻烦而没去写的邮件。

6. 在手头保留一个"无聊的时候可以做什么"的清单，只要不是上网就行。

7. 躲避那些容易上瘾或者形成习惯的网页和游戏。什么东西对你来说最要命你心知肚明。一旦你习惯了不去碰这些东西，它们就会逐渐淡出你的视线，消失不见。

8. 鼓励你所在的团队或者部门一起合作，建立一个通信策略：什么时候发信息，什么时候不发；对于邮件或者信息的恢复间隔时间有怎样的期待；一封邮件的长度到多少就算冗长等。

9. 用更明智的方法来进行人际联结，也就是面对面的沟通。虽然这更加耗费时间且更麻烦，但面对面沟通所带来的丰富内涵是电子产品无可比拟的。

10. 度量和监控自己的进步。自己进步越大，就越有热情更上一层楼，继续减少刷屏时间。不仅要监控你因此省下了多少时间，还要看到自己喜欢的工作的数量和质量有了哪些显著提升。

02

多任务处理

如何在已经手忙脚乱的时候拒绝别人

琼再一次按下了“小睡”按钮。在起床之前，她还会再按多少次这个按钮呢？每次按下，她就会多 10 分钟的睡眠时间，然后又会被收音机的噪音吵醒。昨天晚上她精疲力竭，按错了按钮，这个新买的收音机闹钟还没调到她喜欢的电台。她又不想打扰丈夫吉姆看电视，因此也就没让他帮忙。

“你是个大人了，自己能搞定的。”就算琼找吉姆帮忙，他也会这么答复她。不仅暗示她很笨，对电子产品一窍不通，更糟糕的是，还说她懒。因此，琼昨晚睡觉的时候就知道自己在这个寒冷的冬日清晨，会在一片静电噪音里醒来。她太渴望多睡一会儿了，这些宝贵而舒适的睡眠时间太珍贵了，之前她都没有好好珍惜。

现在琼所面临的问题是，还要再来多少个这样的 10 分钟，她才会用内疚感和不得不做的事情把自己从床上“拽起来”。按了两次“小睡”按钮后，她不得不起床洗澡了。吉姆一直对闹钟的静电声听而不闻，现在也开始辗转反侧了。琼闭目站立，抬着头让淋浴喷头的水一直冲下来，她真希望一整天就这样待在淋浴里不出来。这是她唯一一个清净独处、不被打扰的地方了。在她心里，浴室是最能够认真思考和做计划的地方了。

当琼终于关上水龙头走出浴室，吉姆很有情绪地在她屁股上拍了一巴掌，说：“你这个澡洗的时间够长的，还有热水留给我吗？”

“抱歉，”琼说了一句，“我想心事，忘记时间了。”

15分钟之后，琼迷迷糊糊地收拾了头发，化了妆。她很不满意地看着镜子里自己略显浮肿的脸，觉得自己确确实实需要减掉20斤。“我必须再次回到健身房减肥了。”她一边匆匆忙忙地想着，一边被脚边的内衣、裙子、短衫、夹克和鞋子绊了个跟头。

琼急匆匆地冲下楼，到厨房里给两个女儿莉莉和伊莎贝尔做早饭，这个时候吉姆已经准备好去医院上班了。他们两个人有一套驾轻就熟的流程，虽然琼觉得这套流程对吉姆来说比对自己更方便。即便如此，她还是很爱吉姆和女儿们，只是不太清楚有多爱自己的生活。

琼的任务之一就是确保两个女儿真的下楼来了。现在她们俩一个三年级，一个五年级，各自都被分配了家务活。莉莉负责每天用罐头湿猫粮来喂他们家的花斑猫跳跳，伊莎贝尔则负责去喂黑色的拉布拉多犬福斯塔夫。实际上琼自己去喂这些宠物反而更省心，但是她希望借此锻炼女儿们承担责任的能力。两个女儿早就习以为常了，下楼的时候早饭会在厨房等着她们。

寻找你的影子

若你具有本章所描述的注意缺陷特质类型，
则倾向于认同以下特点：

- 不一心多用，我就没法把活干完。
- 对我而言，说“不”是极为困难的事。
- 如果我能更有效地安排时间，早就当上这家公司的老板或者自立门户开公司了。
- 如果我能更好地安排一切，成就会大得多。

- 如果我能克隆出另外一个自己，就万事大吉了。
- 在工作里，跟一般人相比，我更容易被频繁打扰。
- 我希望同事们能给我更多空间，让我把自己的活儿干完。
- 唉，我要是能有哪怕一个小时不被打扰也好啊。

“也许你可以给她俩更多责任，让她们自己做早饭？”吉姆气不打一处来地嘟囔着。但是，因为在琼的童年里从来没人给她做过饭，所以她想保证莉莉和伊莎贝尔每天早晨都能有充满关爱的早餐吃。跟自己的父母相比，琼为女儿们付出得越多，就越感到满足。

每天早晨走进厨房的时候，琼要做的第一件事就是把手机从充电器上拔下来，查看是否有邮件。她现在已经把手机玩得出神入化了，就像长在自己身上一样。她能用一只手炒鸡蛋，另一只手来玩手机，这样就能在把热饭给孩子们端上桌的同时把信息也回了。

与往常一样，今天第一封邮件就是火急火燎的，非她不可。“琼，我们现在就需要你。特伦斯已经头昏脑涨了，你一到公司就立刻告诉我。感谢。莫特。”

从哈佛法学院研究生毕业之后，琼去了一家波士顿的律所当合伙人。这是为了更好地照顾女儿们，同时更好地支持吉姆的雄心壮志——追随他父亲的脚步，成为一名杰出的医疗学术专家。对于正处于职业上升期的医师而言，教学医院里的工作有着巨大的精神压力，而且会使身体极度疲劳，于是吉姆就没有办法花更多的时间跟家人在一起。这种情况下，琼非常乐于挺身而出，承担更多的家庭责任。至少她跟自己和周边其他人是这么说的。

琼的工作时间是机动的，这也就意味着她随叫随到，对合伙人有求必应。在这个律所里面，她不成文的工作角色就是“救火队员”或“危机战士”，合伙人哪里有需要，她就要出现在哪里。琼做事高效，头脑灵活，面对各种难搞的人也游刃有余、应付自如，因此她成为律所里所有人遇到任何棘手问题第一个想到的人，而且很多合伙人找她帮忙解决的难题跟法律本身毫无关系。琼把大量的时间都花在了灰色地带，也就是那些不属于能够对客户按时计费的法律服务任务的事情。这也就意味着她不仅工作过多，而且报酬过低。

特伦斯是一个才华横溢，但是非常难缠的客户。琼在心里盘算着这次他的要求又要花掉自己多少时间精力，同时对于莫特把特伦斯的麻烦变成了自己的问题极为不满。“我必须要跟莫特好好谈谈这件事了。”她自言自语，烦躁不安。

就在女儿们津津有味地吃鸡蛋的时候，琼穿上外套到车库去预热自己的汽车，因为外面的气温已经降到了 -10℃以下了。两个女儿去的不是一所学校，而且两所学校离得并不近，因此琼必须开车去两个地方送孩子上学，然后才能把车停在市中心的地铁站。

当进入地铁之后，琼终于有了属于自己的 30 分钟时间。她本可以去全神贯注地看一部小说，但选择继续翻阅那些堆积如山的邮件，并且回复那些“早起的鸟儿”发出的消息。尽管琼实际上已经在埋首工作，但她依然珍惜这半个小时的地铁时间。这段时间给了她一种自己能够掌控自己生活的幻觉。

“我居然会很喜欢坐地铁。我的生活都变成什么样子了？”琼再次自言自语。

走出地铁之后，琼的电话铃声响了起来。她没听过这个铃声，也不认识这个号码。“最好还是接了吧。”她这么想，担心可能是自己的女儿惹了麻烦。

“喂，琼！”说话的是伊莎贝尔的学校的辅导员。他先是对伊莎贝尔褒奖有加，说她聪明伶俐、惹人喜爱，然后就说到了正题上，问琼愿不愿意考虑再次作为主席来主持学校的拍卖会。因为措手不及，琼没时间想出任何托词，只好回答说学校如此看重自己让她感到很荣幸，她愿意全力以赴组织这个拍卖活动，学校对伊莎贝尔很好，这是她理所当然能为学校做的。

挂上电话之后，琼真想大哭一场。但是她不会允许自己痛哭，也没有时间痛哭。恰恰相反，她走进了咖啡馆，在老地方照旧买了杯低脂拿铁。琼很喜欢跟咖啡师安娜的那种轻松惬意的交谈，以及坐电梯上 38 楼办公室的过程。“我好喜欢坐电梯啊，”她在电梯扶摇直上时继续对自己窃窃私语，“要是我的办公室在 1 038 楼该多好啊！”

超速运转的生活

现代社会中有很多人像琼这样生活，他们每天都会为了别人鸡毛蒜皮的小事而牺牲自己的需要，琼只是其中的一个典型例子而已。在这个过程中，他们自己的健康、人际关系和事业都充满了风险，为什么会变成这样呢?

让我们仔细考察一下琼的注意缺陷特质是怎样损害她的生活的。过度承诺、过度劳作、长期的压力和疲劳，但是没有任何放慢速度喘息的机会，琼的生活早已不属于自己了。恰恰相反，她的生活被许许多多其他人的需求和要求填满，这让她疲于奔命，不能自已。

琼在浪费自己的聪明才智。她天赋异禀，在学校的智力测验中得了 149 分，是“非常聪明”的那种类型，就跟她的同事和朋友们对她的评价一样。在跟吉姆刚结婚那会儿，琼还是个纤瘦、美丽、风趣，同时雄心勃勃、充满活力的人，在工作里也备受好评。但是她过于尽心尽责，对他人有求必应，这潜移默化地损害了她的生活追求、雄心壮志，以及自己的兴趣和爱人。这种过度承诺意味着她的注意力会在不同的主题之间四处跳跃，不停地被打断，不停地被分心，每次都只能停顿几秒钟。她已经完全适应了这种事事被打断的环境，于是自己也就逐渐变得无法在任何事情或者人身上长时间地集中注意力。琼经常会先发制人，甚至在分心事到来之前就已经心不在焉了，这并非因为她有注意缺陷障碍，而是有“尽责心过多障碍”。她不想错过任何事情，不想错失任何取悦、服务他人和证明自己价值的机会。

跟很多深受注意缺陷特质困扰的人一样，琼之所以无法集中注意力，是因为她身上那些专注聚焦所需要的精神肌肉已经萎缩软弱，力不从心了。她的注意力四处分散，就像是有上百个磁铁遍布四处都在发出引力一样。当她的丈夫、孩子、老板需要她全部的注意力的时候，琼实际上已经做不到了，就像现在她不能坐下来平心静气地手写一封信件一样。她曾经也能从容不迫、气定神闲，但是现在如果再次尝试只有力有未逮，倍感挫折。

琼甚至连早上起床都不能按照自己想要的方式进行，她不得不跟自己讨价还价，挤出可怜的几分钟多睡一会儿。她办公室的门还没进，就已经搞定了丈夫、两个女儿、律所的合伙人，以及女儿学校的辅导员。

琼不仅觉得自己需要对所有的事情负起责任，还需要对每件事情都给予回应，而且一刻都不能迟缓。例如，她习惯于同时处理多个正在进行的事情——工作上的、孩子们的、社区的、丈夫的，也就是说，实际上她哪件事都不能全力以赴地做好。因为注意缺陷特质的默认模式是“草草了事”，所以琼也变得条件反射般地缺乏耐心。对她而言，任何的等待都是一种酷刑。越快越好，慢很煎熬。

现代生活的文化让这一切愈演愈烈。琼有了一种以忙乱为荣的怪癖，手头上总有一堆事做不完，谁都需要她。因为对任何的放松都感到内疚，所以她每时每刻都不会让自己没事干——清理厨房、整理衣柜、给狗洗澡。即便没有任何真正的压力让她立刻就去做这些事，她依然乐此不疲。

这种超高速的生活方式损害了琼对时间的感觉。不论时钟如何显示，她永远都觉得自己非常匆忙。但是，她对于用最少的时间完成最多的任务的渴望极为强烈，以至于她常常会想当然地认为自己在哪怕短短的 5 分钟里都可以做比一般人多很多的事情。于是，当她不能做到的时候，就会觉得自己搞砸了，或者能力不济。

对琼和很多跟她处境类似的人而言，在任何事情上有延迟都是无法容忍的。琼如此手忙脚乱，连清空自己的头脑、好好听别人说句话都做不到了。她会抢着去帮别人把句子说完，会不停地打断他人的话头。这并不令人意外，因为她自己的整个生活就是一个巨大的中断，在她的世界观里，打断就是“实在”。无论在跟谁谈话，琼都会尽量去缩短每一个对话的过程，好腾出时间去完成自己的下一个任务。

如果对话的过程、交通路况或者商店结账的队伍运动得太慢的话，琼就会有一种马上要爆炸的感觉。她不止一次因为等不及漫长的结账队伍，把装满东西的购物车留在超市里，自己空着手离开。并且，她也不止一次突然让一个人长话短说、突出重点，在谈话过程中得罪别人。

这种压力逐渐变成了一种不可避免的恶性循环。每每琼觉得自己拼命追赶的脚步遇到了障碍，就会更加努力地去尝试追赶。就像那些欲罢不能的成瘾人群一样，她开始用蛮力代替灵活的工作方式。因抽不出每天 20 分钟的锻炼时间，她索性不再去健身房了。对她而言，似乎唯一的解决之道就是更长的工作时间和更高的工作强度，但这更让她感到绝望、无助和抓狂。

琼觉察到自己的状态不太对了，于是挤出时间买了一些自救的书作为救命稻草。她没时间去找治疗师，最多也不过就是跟自己的发型师乔伊聊几句，这已经是最能让她感到开心的事情了。琼看了不少书，时间管理、组织管理、亲子教育、自信自决，还有其他任何她觉得跟自己的困境有关系的书，但是这些都不管用。她觉得那些书似乎是写给头脑简单的人看的，跟自己没有丝毫关系。

琼真的相信自己能够把这一切都管理好，能把自己的事情、孩子们的事情和吉姆的事情都搞定，只不过是每一天的时间太少不够用。即便她雇了人每个月来家里清理两次房间，依然觉得自己无时无刻不在替别人打扫收拾。

琼认为自己知道如何做一个好母亲，而且自己曾经就是一个好母亲，尽管她因为自己做得不再像以前那样好而倍感内疚。她也明白自己锻炼不够、吃得太多、不注意照顾自己，但是她觉得只要改变一些不良习惯，一切都会好的。她并不需要一本书来告诉自己这些事情。不仅如此，大多数的书都批判专横的态度，琼却觉得自己对自己专横得恰到好处，否则她又能对谁去施加压力来改变自己的生活呢？

到了就寝时间，琼唯一想做的事情就是睡觉。吉姆早已不再是以前那个温柔缠绵、性感有魅力、让她想要投怀送抱的丈夫了。她过去很喜欢躺在吉姆的胳膊上，头枕着他的胸膛。现在他只不过是个躺在床垫另一端的大男孩罢了。注意缺陷特质也毒害了琼跟配偶之间的关系。

深陷于“危险区”

“我猜你早就忘了我今天又长大了一岁吧。”有天晚上他们准备睡觉的时候，吉姆轻轻地嘟囔了一句。

琼把丈夫的生日完全抛在脑后了。但是她没有表达歉意，而是反唇相讥：“你知道我不可能记住每件事情。另外，你都多大岁数了，还老想着过生日？我难道还要去烤个蛋糕，把你的小朋友们都找来，给大家都戴上小帽子，然后你吹蜡烛唱生日快乐歌？为什么你对自己的破生日那么在意却想不到给我搭把手？你知不知道为了你能在研究所里圆你喜欢的学术梦，我付出了多大代价？你知不知道为了让你表现得像个完美老爸，我需要干多少垃圾活？你知不知道我到底承受了多少压力才让你有这种闲情逸致去关心你那个破生日？”

如果琼在对丈夫大肆攻击之后能够冷静下来的话，她肯定会意识到自己做了什么，然后去给吉姆道个歉，告诉他自己不应该把一整天、一星期，甚至一年里积累的压力和挫折都一股脑儿发泄到他头上去。但是她并没有丝毫歉意，吉姆也就没再多说。他只是一言不发地走出卧室，跑到客房里去睡了一夜。他们的婚姻大概不会真的破裂，但是可能会别扭好长一段时间。

琼自己需要做的事情越来越多，而与此同时吉姆却觉得自己备受伤害，于是提供的支持就越来越少，这就导致琼睡得更少、担忧更多。担忧逐渐变成了背景噪音，她在这种噪音中入睡，也在这种噪音中醒来。这种充满压力的感受如同她头上一顶挥之不去的斗篷，让整个家庭都笼罩在阴云之下。

要做的事情越多，琼就越拖延，效率也就越低。她的老板对此也有所察觉，于是在她的绩效谈话里也给出了这样的反馈。于是琼倍感压抑，逐渐失去了控制。因为很久不锻炼身体，她感觉自己的警觉性大大下降，需要用另外一些办法来“补救”，于是她选择了通心粉、奶酪、比萨和炸鸡。她已经顾不了那么多了。“胖就胖吧，一胖到底！有什么大不了的！”她心里想着，“有谁会在乎呢？”她站到体重秤上的时候毫无惧色。体重的增加让琼的情绪更加暴躁，于是她每天晚上都要喝上三四杯红酒再去睡觉。酒精让她本来就少得可怜的睡眠质量更差，于是她早晨醒来的时候就会加倍地头昏脑涨，并且还带着宿醉。她并没有充分意识到自己的状况的危险程度。

随着吉姆在医院里加班过夜的次数越来越多，琼开始随机地跟身边的人打情骂俏：超市的收银员、色眯眯盯着她看并且身材不错的加油站打工仔，还有让她回忆起自己高中老师的烟酒店老板。她还没有真的到出轨的程度，但是已经意识到自己正在身不由己地向他人散发信号。

琼同时也感觉到自己的身体正处于生病的状态中。她的颈椎和后背开始疼痛，这种感觉之前从未有过；每顿饭之后都会消化不良，不吃饭的时候也常常会感到肠胃不适。曾经是她标志性特征的活力和热情，也消失得无影无踪。

同事和朋友们有时会小心翼翼地问琼是不是有什么事情出了问题。“为什么这么说？”她会斩钉截铁地进行防御。“我不就是长了几斤肉吗？这意味着我没有上当，没有被社会所鼓吹的那种离谱的理想女性形象洗脑。实际上，我对自己的所作所为很自豪。”于是，问过她这种问题的人都学会了缄口不语。久而久之，琼就变得更加孤立了。

琼实际上已经进入了一种被我称为“危险”（DANGER）的区域，这个词的每个字母所代表的意思是：

D——失望（Disappointment）和失败会让人变得……

A——愤怒（Anger）和谴责会让人变得……

N——消极（Negativity）会让人变得……

G——泛化（Globalizing）这些消极感受会让人变得……

E——逃避（Escape）到一种荒废或者危险的活动中会让人变得……

R——拒绝（Rejection）来自他人或者生活中的帮助会让人变得……

在这个“危险区”里面，生活中的每件事都变成了一种威胁。琼现在的处境就是如此。她的婚姻、工作，甚至生活本身，都变得岌岌可危。

争取所有人认可的“好小孩”

一般来说，人们在自己年轻的时候形成的世界观会持续终生。但是我们童年时在家里学到的应对生活的有效方法，到了成年的时候可能并不好用。这本书里所讨论的案例就都是这种情况，琼也不例外。

琼家里的兄弟姐妹一共6个人，她自己排行第四。在她成长的年代里，父母们并不像今天这样在孩子们身上花费那么多注意力，更不可能骄纵溺爱。琼还记得小时候，她在“神圣不可侵犯”的鸡尾酒时间要求大人讲个故事，祖母严厉且一本正经地告诫她：“琼，你必须明白，小孩子要让大人看得见，但是别让大人听得见。到一边玩去吧，我们大人在说话呢。”

琼的父母都是很好的人，但是他们始终都很忙，而且从不会因为琼的事情而发生争执。她从来就没有担心过自己在学校的成绩应该达到怎样的标准，因为父母对此并不关注，而且学校的功课本来也挺容易对付的。琼也不需要担心自己的穿戴不能通过学校的衣着检查，因为她很小就开始自己选衣服穿，自己跑出门乘坐校车，常常连再见都不说，也不跟家人拥抱亲吻，就一溜烟地跑去上学了。

琼并没有觉得自己被忽视了，生活本来就是这个样子的。回首往事，她意识到自己在儿时就面临了一个选择。就像我们每个人生活中都需要做的一些重大决策一样，其中的大多数并不是我们深思熟虑之后有意识地做出的，但是毋庸置疑这些依然是选择。琼本来也可以想办法去争取自己渴望的父母的注意力。她可以选择做个坏小孩，也可以选择做个好小孩。她的两个哥哥做了坏小孩，偷东西、吸食禁药，于是得到了很多来自父母的关注。但是琼并不想要这样的关注，于是她选择做个好小孩。

做个好小孩的目标潜移默化地掌控了琼的生活，并且逐渐内化成她的一部分、她的心理DNA。于是生活中唯一可以接受的事情就是去做个好小孩。琼还学会了一件事，就是说“好的”，并且认识到乐于助人和与人方便都是很受欢迎的品格和美德。她的童子军领队、学校老师都向她传递了这种观念：竭尽全力做出贡献是很重要的事。这种信念在琼成年之后依然主导着她的生活。如果她没有达到某个人的预期，就更别提没有达到自己的预期了，不论这些预期有多么地不现实，她都会谴责自己，为自己没能去做的事而倍感内疚。然后她的自尊就会被打击一次。不仅如此，如果有机会能慢下来喘口气偷个懒的话，琼也不敢去这么做。她的内心有一种违背自己原则的恐惧，就好像这是犯了严重的罪行一样。

这就让琼对一切事情都说“好的”和做个大家眼里的好人的需求牢不可破。对她而言，说“不”简直就像一夜醒来之后自己突然开始讲斯瓦希里语那样不可能，或者突然变成了一只小鸟那样离谱。她真的完全不能想象自己不去满足所有人的要求会是怎样一番模样。甚至想象一下跟老板说自己可能某个周末不能工作，或者告诉孩子们自己在洗澡的时候不能被打扰，都会让她倍感痛苦。

具有讽刺意味的是，恰恰在琼进入了“危险区”的时候，这个对任何人任何事都满口答应毫无怨言、四处寻觅认可和夸奖的“好小孩”，却不再被他人认可了。于是，琼崩溃了。

对于大多数在现代生活中身不由己得了注意缺陷特质的人而言，本来很好的品质也可能变得有害。琼的背景故事，也就是她的童年，本就让她离注意缺陷特质很近，然后现代社会繁重的工作真正让她的生活一发不可收拾。表 2-1 显示了在琼这种注意缺陷特质里，那些对我们有益的适应性行为是如何潜移默化地开始危害我们生活的。

表 2-1 深陷多任务处理的人的典型优势和问题特征

优势	问题
能够专注于身边所有发生的事情，不希望错过任何事情	过于关注，一件事都不放过，于是不能对任何事全神贯注地进行关注
负责任、有责任心	超级负责，即便是不关你事的地方也会觉得自己需要负责
雄心万丈，做事能力超强	有过度承诺超出自己能力范围的倾向
活跃，总希望积极参与	过于活跃，参与太多事情
希望自己成为各种新闻、问题、时尚的焦点	过于关注眼前的事情，如邻居们在干什么、最近发生了什么事情
关怀、共情、被他人的情绪所感染	共情过度、过于投入，反而不能对自己和身边重要的人给予足够的关注
渴望努力工作，希望做出贡献	永远都有一种应该做更多事情的感觉，没有感受充实和满足的能力
热爱生活	不能驻足享受生活中的美好

深陷多任务处理时的应对方法

好消息是有着注意缺陷特质症状的人们都非常坚毅且韧性极强。他们往往能够自己杀出一条血路，从“危险区”里走出来。当然，我说的是那种自觉自愿来找我咨询的人，以及那些清楚地了解自己出现了问题，并且能够主动求助的人。当我跟他们见面的时候，基本上那些最难过的时候已经过去了，他们已经开始回归正轨、进入一种相对平静的心态了。那些真正崩溃并且几乎失去一切，却又拒绝任何帮助的人，就会真的自我隔离，最后变得只有把自己“炸得粉身碎骨”这一条路了。

在给琼治疗的过程中，她非常不愿意遵循最基本的规划，因为她的情绪低落到哪怕最基本的一点点内容也让她重如泰山。对琼而言，她需要完成的挑战其实就是空出更多的时间来睡觉、吃饭、运动，并且保留一些放松的时间，甚至增加点性生活。

当大家都在竭尽全力找回自己的专注力的时候，真正的挑战来自心理和方法两个方面。我必须鼓励琼允许自己不去满足每一个人的要求，并且让她学会一些更省时间的新的做事结构，同时还要帮助她慢慢地允许自己不光只能说“好的”，也能说“不”。

新的做事结构的一个例子，就是我教会了琼一个缩写词，CDE，也就是“削减”（curtail）、“委派”（delegate）、“去除”（eliminate）。我还鼓励她直接去跟老板沟通，要老板调整她的工作内容，让她不至于一直处于手忙脚乱的状态。但是想要做到这一点，琼就必须放弃自己那种永远说“好的”的“老好人”习惯。我有很多种不同的方法来处理这种情况，但是最常用的还是把积极鼓励和角色扮演结合在一起，然后让琼在真实生活中去测试，再告诉我哪些地方有用处。

就像我之前提到过的，成年人的大多数行为实际上源自那些童年时期不得不做的、以为自己不得不做的、按照命令去做的，以及为了生存下去而必须做的事情。琼现在必须理解，童年的那些规则已经不再适用了，现在对她而言，说“不”实际上是非常安全的，甚至是一件对她非常有好处的事情。但是人都是不见棺材不落泪，琼也是到了四面楚歌的危机状况时才有所觉醒。虽然并没有真的到无可救药的崩溃地步，但她的痛苦确实足以打破之前根深蒂固的应对模式。痛苦让她改变了想法，并且找到了新的救命稻草，其实简单至极，就是“我想要为自己活着”。琼开始变得像电影《网络惊魂》（*Network*）里那个朝着窗外怒吼的角色一样——“气死我了！我再也忍不下去了！”这种愤怒终于让她解脱。但是想要让她把深埋内心的愤怒全部释放出来，确实还需要更多的压力和能量。

总而言之，琼的问题给她带来了下面的这些麻烦：

1．能量。从小琼就为了做个好孩子而疲于奔命，她事必躬亲而且追求完美。

2．情绪。就如同胡乱花钱会不可避免地导致负债累累一样，琼变得越来越愤怒。

3．投入。琼投入过度。虽然她尽力想把事情做好，但已经无法把注意力集中在任何事情上了。

4．结构。琼的气质性格导致她无法为自己维持一个能保护自己的结构和边界。

5．控制。面对自己的挑剔和责任感，以及讨好他人的强烈冲动，琼已经失去了对自己生活的控制。

解决方法 给深陷于多任务处理人群的 10 个建议

1. 从神经生理学的角度来讲，真正的一心二用是不可能的。人们所谓的“同时执行多个任务”实际上就是在两件事情上来回不停地切换自己的注意力。如果两个任务都很无聊的话，比如在跟朋友讲电话的同时往洗碗机里放盘子，这么做倒也无伤大雅。但是如果你做的事情里有一件或者两件事是那种复杂的任务，比如在跟同事讲电话聊工作的同时写一个很复杂的投资报告，两个任务都会被搞得一团糟，你自己也会状态不佳。
2. 多任务处理有时候看起来很有趣，而且似乎真的能够帮你节省时间，因此才会有很多人一边打电话一边回邮件一边看新闻。但是你需要意识到：你在做这些事情的时候可能感到一切尽在掌握中，但是每增加一个任务，你错失关键信息的可能性就会呈指数性增长。
3. 你确实可以同时处理多项任务，只要你做的事情是可以自我掌控的，如呼吸和在椅子上保持平衡，或者并不需要集中精力的任务，如听着音乐洗澡。事实上，从严格意义上讲，我们每个人都在多任务处理，甚至睡觉的时候也是如此，大脑和身体总是在同时做一些事情。

4. 只有在一个或者所有任务都需要我们的注意力聚焦于当下的时候，多任务处理才是危险的，并且其危险程度不亚于醉酒驾车。例如，你确实可以一边开车一边听广播，但是在高速出口附近或者快到出口的时候，你最好把注意力从广播上移开，专注开车，除非你对这条路的熟悉程度跟自动驾驶差不多。但是，如果你是一边开会一边发短消息，甚至是一边开车一边发短消息，后果可能会惨重得多。

5. 对于很多面子薄和责任心强的人来说，不能说“不”是他们在职场中的一个死穴，会让人永远疲于奔命、一刻不得闲。你需要练习有礼貌地去拒绝他人的要求。

6. 一个说“不”的好方法，就是跟对方讲“如果有时间的话，我真的很愿意帮这个忙，但是现在这种情况下，我没办法给这件事足够多的关注，不能按照你需要的质量来完成这件事”。

7. 用正确、良好和得体的理由跟对方解释。如果你总说“好的”，很快就会精疲力竭，也不再有能力去为自己的机构、家庭，或者自己做任何事情。

8. 学会委派任务。今天的环境不再要求我们必须自力更生，而是需要我们相互依存，为别人做事，也让别人帮我们的忙。

9. 基本框架里的第三条是投入，而最能够让人投入的环境是你能够真正发挥自己所长并且做自己喜爱事情的地方。请对这些机会毫不犹豫地说“好的”。

10. 认识到你说“不”其实对大家都有好处。实际上你是在告诉大家，在此时此刻你并不是这件事的最佳人选。意识到这一点对机构和团队也有好处，他们应该感谢你的坦诚。

03

思维跳跃

如何善始善终地完成一件事

“不，不，不，不，不！”布赖恩又在大呼小叫了，“我不想再掉进这个陷阱里了。我早就告诉过你，不论你决定做什么我都会支持你，但你总是拒绝下决心去做一件事，一会儿一个主意，我受不了了！”

“我并不是拒绝下决心，而是真的做不到。请你理解我，布赖恩。”

“我没办法理解你！请相信我已经尽力而为了。现在我真的很难不把你看成那种有钱任性、被宠坏了的半吊子了。”

阿什莉大吃一惊，就好像挨了一闷棍。“好吧，你给我滚蛋！你居然敢这么说我！你自己过得顺风顺水的，当然站着说话不腰疼了！你居然不来安慰我、理解我，反而跑到这里来说风凉话！”

“阿什莉，真的很抱歉。你说得对，我确实说话太过分了。但是我自己也被搞得头昏脑涨很沮丧，我不知道该说什么了。”

“你还感到沮丧？那你想想看我的感觉是什么？我是在浪费自己的人生啊！”

“但不是你的整个人生。我希望我跟孩子在你的心里也有点儿分量。”

“当然有分量了。但如果你像我现在这样找不到工作，身边的很多资源和支持都唾手可得但就是没法把想法变成现实，你会做何感想？我觉得自己像个两岁的小孩儿，就是没法专心完成任何事。”

阿什莉和布赖恩之间有个约定，不要带着火气上床睡觉，因此当他们晚上11点钟关灯睡觉的时候，布赖恩凑到了阿什莉的身边，阿什莉也躺到了他的怀里。布赖恩轻轻地拍着她的后背。“我爱你。”他说，并轻柔地亲了她一下，然后就翻身回到了自己那边。没多久，他的呼吸逐渐放慢，很快就睡着了。

跟往常一样，阿什莉在床上瞪着眼睛睡不着觉，耳朵里都是门外的蛐蛐声。她心里明白布赖恩说得都对。她确实是个有钱人家宠坏了的阔太太，而且也确实是三心二意、浅尝辄止地做事情。她从来没有认真坚持做过任何事情，也没有那种踏踏实实把一件事做完的能力。并不是说阿什莉想不出来好点子，实际上她的问题是好点子太多了。她就像繁花盛开的花园里的一只蜜蜂，刚刚落到一枝芳香四溢的玫瑰花上面，又看上了一枝长长的飞燕草，到处都是眼花缭乱的好点子，让她不知所措。

阿什莉为什么不能待在一枝花上面把事情做完呢？其实她非常有创业精神，这在注意缺陷特质的情形里面并不常见。但是，她的注意缺陷特质类型让我们想起了那首儿歌《住在鞋子里的老巫婆》，唯一的区别是阿什莉有太多的想法让她反而不知道自己应该做什么。各种想法在她脑袋里盘旋，就像秋风卷起一地落叶四处乱飞。一旦她想要去捕捉和梳理这些想法，就又会有一阵狂风不期而至，把一切搞得更乱。

寻找你的影子一

若你具有本章所描述的注意缺陷特质类型，
则倾向于认同以下特点：

- 我有太多想法，搞得自己完全无所适从。
- 我喜欢启动新项目，也喜欢看到结果，给我造成麻烦的是中间的过程。
- 晚上我经常难以入眠，脑子里很多想法有如野蜂飞舞。
- 我会用让自己忙起来的方式去回避那些真正困难的工作。
- 我的行动老是跟不上想象力。
- 随着时间的流逝，我会对之前的新项目开始厌倦。
- 我最大的问题就是需要学会优先级排序。
- 在事情开始变得无聊的时候，我没有任何办法让自己坚持下去。

层出不穷的点子

布赖恩是加州硅谷一位成功的创业企业家，阿什莉在读研究生的时候跟他相遇，然后两人结婚成家了。当阿什莉怀着他们的第一个孩子的时候，就开始在eBay上开网店卖东西了，而且生意做得相当不错。大儿子出生后，她又跟一个女伴一起开了一家为年轻家庭承包定制旅游的线上公司，但是她始终不能全力投入去做这件事。后来她又跟一位动画设计师一起合作，要做电脑动画软件方面的生意，但是这个计划后来也没有真的付诸实践。

阿什莉非常擅长写商业计划书。她能够在一夜之间就搞出一份非常漂亮的规划。在过去的一年中，她已经深入研究并且写出了两份非常可行的创业规划。其中一个项目是经营办公家具。她有个改造传统办公桌的想法，于是在新的方案里设计了一个开关，按下去就可以把普通的办公桌变成站立使用的工作台，甚至变成跑步机办公桌。她相信这个创意肯定能成功，因为已经有很多研究表明站立或者慢步行走的办公方法对健康非常有好处。她还设想出了一种尺寸小巧的抽拉式床板，可以藏在办公桌下面，这对那些“夜猫子”和工作很晚的技术狂人来说很实用。

另一个项目是新式女内衣，这种内衣上身是薄如蝉翼的丝绸和安哥拉山羊毛混纺的宽松睡袍，下身的弹力丝袜能够紧紧裹住双膝和小腿不会滑落下来，这对于寒冷夜晚火炉前的缠绵再合适不过了。

阿什莉对这两个新创意都爱不释手，但还有很多其他类似的想法在她脑海里盘旋。她的大脑就像一个昼夜不停的梦工厂。这让她常常夜不能寐，不是因为焦虑担忧，而是因为一种持续不断的兴奋感。她想要立刻起身去写个商业计划书，但是在还没来得及付诸行动的一刹那，又有一个新的想法从“一堆落叶”之中脱颖而出，于是她又不得不去追逐这个新点子。“你能想象这种滋味吗？”有一次阿什莉跟自己的朋友这么说，“真的非常刺激，让这些想法在脑子里逐渐成形的感觉真的很舒服，尤其是我知道这里面的任何一个都会在市场上取得成功，甚至可能会一炮而红。但让我感到痛苦的是，我没办法把其中的任何一个变成现实。”

阿什莉的想法不能落地肯定不是因为缺乏足够的资源。她活力十足，头脑敏捷，尽管是两个学龄儿童的妈妈，但家里有个保姆在帮忙。她丈夫布赖恩的家族创立了一个规模巨大的保险公司，因此非常富有，有很多闲钱可以动用，布赖恩自己的事业也经营顺利、获利颇丰。

阿什莉设计这些商业规划并非生活所迫，而是因为她真的喜欢做这些东西。她是斯坦福大学毕业的工商管理硕士（MBA），很想追随自己始于童年的梦想，创建一个让自己充满激情的事业。在长期追逐梦想却总是不能成真之后，她逐渐意识到仅仅靠着热情和创造力是不够的。阿什莉发现自己选择一个最喜欢的创意后，一心一意地走下去几乎是不可能的事。更糟糕的是，随着年龄的增长，她好像变得越发地三心二意，更加难以去关注和执行细节。阿什莉同样也很不善于委派任务。在她真正关注一件事的短暂时间里，她会全身心地投入，但是一旦她真的开始聚焦执行，就会立刻感到失落，然后就希望能有一个人神奇地从天而降来帮她把后面的事情都做完。

阿什莉也能够理解布赖恩的那种挫败感，毕竟他也是在吃尽了苦头之后才梦想成真的。但是现在的布赖恩已经是一个白手起家、身家千万的成功企业家了。阿什莉因为自己没有能够同样成功而倍感焦躁。她渴望成为烘焙领域的黛比·菲尔茨（Debbi Fields）或化妆品领域的安妮塔·罗迪克（Anita Roddick），或者设计出托里·伯奇（Tory Burch）那样的鞋子和太阳镜，或者像萨拉·布莱克利（Sara Blakely）那样因为发明塑身裤年纪轻轻就身家几十亿美元。但是对阿什莉而言，从梦想到现实的路实在是太漫长了，而且她也不得不承认，这个过程对她而言非常地烦冗无趣。她很能理解有些攻读博士学位的人因为毕业论文的冗长繁重而对其失去了兴趣，或者才华横溢的小说家在写作的时候没法撑过第三章。

无限可能性带来的绝望

哈佛大学已故精神病学教授莱斯顿·黑文斯（Leston Havens）曾经对我说："你其实可以用一个问题来完成一整个心理咨询面谈，就是'你想要什么'。选择这句话中的 4 个不同重点，'你''想''要''什么'，会把谈话引向 4 个截然不同的方向。"

在阿什莉的情形里面，最让她进退两难的是这个"想"字。"阿什莉，你真正想要的是什么？"她其实已经无数次地这样问自己了。

回答黑文斯教授这个看似简单的问题，可能会让你想到当前的处境，也可能会引发你思考整个人生。有的人一辈子都不会去想这个问题，其实这样有可能比想了却无法得到更让人痛苦。如果你完全不能回答这个问题，就会像没头苍蝇一样四处乱撞，不知道自己想要走向何方。

存在主义哲学家索伦·克尔恺郭尔（Søren Kierkegaard）在他的著作《致死的疾病》（*The Sickness Unto Death*）中描述了一种被他称作“无限可能性带来的绝望”的现象。[1] 如果一个人对于人生的可能性这个主题感到绝望的话，通常是因为这个人生活中存在的可能性太少了，让人时时刻刻都想要更多。一个著名的例子就是亚历山大大帝，他在发现自己没有更多领土可以去征服的时候，就感到了绝望。

然而，有的人却并非因为可能性太少而绝望，而是面对无限多的可能而感到沮丧。虽然生活的重负会让我们在大多数时候都在忙碌，但是有的人并不会因为这些负担就停止追求梦想。虽然美梦从未成真，但是他们依然在持续不断地创造更多的梦想，就像克尔恺郭尔说的那样，“因为没有一个能够成为现实，所以一切反而都有可能”。

因为实际工作都要求把一个想法变成真正的现实，所以我们大多数人都需要在一个项目上投入一段时间精力而无暇四顾。那些因为无限多可能性而感到绝望的人却恰恰相反，他们因为不去做任何具体的事情而有时间整天浮想联翩。对阿什莉来说，“一切皆有可能”这句话犹如丧钟一般在她的生活里时时敲响。

那些“有无限可能”的人止步不前、无法落地的原因，并非他们娇生惯养、不为生计发愁，或者他们无须让自己的老板满意，这些往往都是表面原因。背后的深层原因之一，就是他们缺乏这么去做的技能，缺乏这么去做必需的认知资源。凯西·科尔比（Kathy Kolbe）关于“意动”（conation）的研究已经证实了人们在问题解决方面与生俱来的风格背后有着基因基础作为支撑。[2] 心理学领域中有很多概念并不为大众所知，“意动”恐怕是其中最为强有力的一个了。每个人都有自己独特的“意动风格”，也就是我们与生俱来的一种完成任务或者解决问题的风格。我们都听说过“认知”（思考）和“情感”（感受），但是很少有人知道这个三元组里的第三个要素——“意动”①，也就是你在做事情时的一种自然而然的风格或方式偏好。

下面这个思维实验能够帮助你确定自己的意动风格。假想一下，有个人把一车乱七八糟的东西卸到了你眼前的地面上。你面前有一大堆莫名其妙的物品：几片破铁皮、几件旧衣服、几个纽扣、一个电灯泡、几个小轱辘、橘子皮、给狗啃的骨头、一条自行车链子、一顶软毡帽、一盒三合一润滑油、一块漂浮木板、几块鸡蛋壳、一本残破的《哈克贝利·费恩历险记》、一个没有纹理的旧轮胎、一个空相框、一个汽笛、一双带有皮镶边的旧羊毛雪地靴。“从这些东西里面搞出些名堂来。”这是这个人给你下的指令。

你接下来会怎么去做，取决于你的意动风格。有人可能会问“为什么我需要这么做”，有人则会问“你需要我做出来的东西是干什么用的”。有人可能会去探询要求他这么做的人的动机是什么，还有的人可能会立刻开始把这些东西进行分类。有的人会马上动手清理垃圾，把没用的东西都放到一边去，有的人则可能会寻求帮助，并且询问是否允许打电话求助或者查阅参考资料。还有的人会面对这一堆东西一动不动默默思考，另一些人则可能四处游走，从不同的角度观察它们。有的人会用手机拍下照片发给自己的工程师朋友们，有的人却开怀大笑，乐不可支。还有人会在自己的手心画一个计划草图。另外，总会有些人立刻就开始动手干活，根本不去想到底要做出什么东西来。顺便说一句，最后这类人往往就是那些创业的企业家们。

对于这个指令的回应方式并没有对错之分。但是，我们从这些五花八门的回

① 这里指的就是心理学中所谓的知、情、意三要素。——译者注

应方式里可以看出，人与人之间在意动风格方面的差异非常大。如果你考虑一下一个观点从开始到完成的整个过程里会发生多少事情，就会明白为什么我们几乎不可能自始至终地独自完成一件事情。因为几乎没有人能够完成一个项目所需的全部认知、意动和情感资源，完全独立、自始至终地把一个项目完成。

阿什莉的意动风格中并没有包含能够让自己完成这些设想的能力。这种失败并非道德责任的缺失，而是她与生俱来的意动风格的特性。她需要的不是让自己成为另外一种人，而是找一个合适的帮手或者合作伙伴。但是现实生活恰恰相反，她常常会力不从心、事与愿违，然后就会感到绝望。因此，她对自己思想的丰满和高产并不感到欣慰，反而会有一种恐惧感，害怕自己一辈子只能天马行空地想出一堆堆的点子，但是到头来却一无所成。就像约翰·格林利夫·惠蒂埃（John Greenleaf Whittier）的诗里面所言："一切口诛笔伐里最悲惨的词句就是'早知如此，何必当初'。"

从某个角度来看，无限可能性所带来的绝望，就是那种明知道怎么做却从来都没有做到的绝望。然后人们对自己的谴责会让这种绝望感雪上加霜。这其实不是不负责任，恰恰相反，这是试图把一切责任都揽到自己身上，因为自己没有能力达成目标而指责自己。

事实上，阿什莉的痛苦源自她的优势，也就是她丰富的想象力。用塞缪尔·约翰逊（Samuel Johnson）的话说，就是她那"如饥似渴的想象力"永远都得不到满足。对别人来说这本是上天赐予的珍贵礼物，但是在阿什莉身上却变成了一种让她倍感痛苦的惩罚。

跟所有与生俱来的创业者一样，阿什莉才华横溢，精力充沛。她身上有着自由企业环境中成功人士所需要的一切特质。她渴望机会、自立自强、敢于冒险、工作勤奋、期待高额回报，并且觉得只有自己亲手辛勤劳作创造的成功才最值得拥有。直到最近一切事情都不顺利才使得她感到崩溃，之前的一次次失败并没有让她止步不前。就像空手而归的渔夫那样，第二天她会起得更早、更加努力。

但是，有一个比最新型号鱼群探测器对阿什莉更有帮助的问题，她并没有去仔细思考——她为什么老是找不到足够的鱼？她应该去哪里寻求帮助？

被不断打压的创造力

像阿什莉这种被无限可能性困扰的注意缺陷特质类型，在今天的世界里尤其典型。前所未有的电子通信技术的爆发让一切都成为可能，但现代生活带来的巨大好处也可能成为对我们的诅咒，因为我们精力有限，只能做这么多。太多诱人的机会让我们眼花缭乱、兴奋不已，然后我们就会像阿什莉那样持久性地注意力分散，形成一种典型的现代注意缺陷特质。

一如既往，引发阿什莉注意缺陷特质的原因绝不仅仅是现代生活本身。童年时期的阿什莉聪明伶俐，对一切都充满了好奇。虽然有一点点超重，但她仍然魅力十足，热爱生活。内在的充沛能量让她活力四射，所有人都会立刻被她的创造力和活泼所吸引。她的生活派对不断、妙语连珠，并且滑稽搞笑、热情洋溢。从高中和大学时代开始，她就一直是个“冒险大王”，敢跑到几十米高的桥上去蹦极，或者玩滑翔伞。

早在阿什莉听说过“创业者”这个词之前，她就是一个货真价实的创业者了。对她而言，这是再自然不过的事情，就像一个天才第一次见到小提琴就立刻开始演奏一样浑然天成，甚至不需要其他人的鼓励。在10岁的那个夏天，她在自己居住的那个典型康涅狄格州的中产阶级社区里开设了一个有史以来最为成功的汽水地摊。她把这个汽水摊搞得很上档次，装饰得像真的天台一样。她让哥哥帮忙从车库里拖出来一个巨大的塑料桌子和几张乘凉的椅子，还一起架起了一个巨大的沙滩遮阳伞。阿什莉还找到了一台电扇，在桌上放了自制的巧克力曲奇和一碗坚果，所有这一切都从自己的零用钱里支出。她还把蓄水池放上了水，让客户能把脚泡在里面乘凉，并且找来了一个CD播放机循环播放各种音乐：海滩男孩、甲壳虫，还有爵士乐迷们喜欢的约翰·科尔特兰（John Coltrane）。阿什莉的客户们有的走路有的骑自行车，他们都很喜欢这个能坐下来乘凉歇脚的地方，听着音乐喝着冷饮放松一下。

阿什莉的母亲达夫妮是个正宗的清教徒。当从社交俱乐部回到家中，看到阿什莉的小买卖进展得如火如荼的时候，达夫妮被眼前的一切惊呆了。达夫妮觉得阿什莉在家门口制造的“奇观”有辱斯文，命令她立刻清理拆除一切。那天晚上阿什莉的父亲普雷斯顿发现她伤心落泪，于是跟自己的太太大吵了一架。“看在老天爷的分儿上，达夫妮，”他愤愤不已地说，“她真的很有创造力啊！邻居们都很喜欢这个汽水摊。让她自得其乐有什么不好，这不是放暑假吗？”

最后，达夫妮理所当然地取得了胜利。一直都是她说了算。普雷斯顿是一位顶级的整形医师。阿什莉对自己的父亲崇拜有加，但是他总是很忙，并没有给予阿什莉足够多的关注。每天普雷斯顿回家之后，都喜欢躲到自己的办公房间里去，戴上耳机聆听威利·纳尔逊（Willy Nelson）的专辑来让自己放松。虽然没有太多机会跟自己的父亲相处，阿什莉依然汲取了他坚韧不拔的特点。

普雷斯顿的工作令人羡慕而且收入不菲，因此他的太太达夫妮能够被邀请加入各种精英会所。渴望上流社会生活的达夫妮更喜欢阿什莉的两个哥哥，因为他们都高大帅气、一头金发、阳光自信，完全符合大家眼中上层社会朝气蓬勃的正统富家子弟的形象，而且兄弟俩全都成绩优异，擅长体育。就像达夫妮所津津乐道的那样，他们两兄弟是“完美无缺”的。在孩子们面前，达夫妮装出一副虔诚的样子崇拜上帝，每个礼拜日都会到社区教堂跪拜祈祷，但她实际上真心崇拜的是康涅狄格州的上层生活和社会精英的身份。

对于母亲而言，阿什莉身上毛病多多，让她觉得丢人现眼。达夫妮经常当着大家的面对阿什莉进行指责：太没规矩、太胖、太不专心、太笨，而且显然跟漂亮沾不上半点边，完全达不到上流社会所需要的精致优雅。阿什莉的两个哥哥都是班上的佼佼者，一直都保持着优异的成绩，而她的学习成绩却起起伏伏，很不稳定。阿什莉跟哥哥们上的是同一所私立学校，但是她从未达到过他们那种不同凡响的学业水平。班主任和辅导老师都跟阿什莉说，如果她能够更加努力勤奋的话，成绩出众不在话下。

尽管阿什莉有着超乎常人的创造力，却做不到踏实认真地完成那些无聊的作业，或者专心致志地聚焦于一个目标。当人们问她将来长大了想要做什么的时候，她总能给出百八十个不同的回答。后来在她上大学的时候，大家问她选择哪个专业，她只会翻翻白眼作为回答。

在达夫妮看来，阿什莉是个笨手笨脚、肥胖窝囊的“假小子”，而且性格有点阴郁。“其实你自己心里跟我一样清楚，你有让我多失望，”有一次达夫妮真的就跟阿什莉这么说了，“但是我绝不会让你把整个家庭拖下水，拖累我们成不了体面人家。我不会让你得逞的。”达夫妮一边说着话一边打着响指，就像招呼仆人来清理垃圾一样，然后昂首挺胸大步流星地走开了。

阿什莉抱头痛哭，不能自已。但是从此以后，每当母亲再次用同样的方式来羞辱她的时候，她就会眯起眼睛，专心致志地背诵一年级老师教给自己的一句话：“我是我自己生活的主人，我不会让恶言恶语伤害到自己。”效果立竿见影。阿什莉能够成功地战胜母亲对她的消极态度，这实在是个比较罕见的情形，其中有几个原因。

首先，非常幸运的是，阿什莉的基因里有着与生俱来的乐观、勇气、坚毅、产生新想法的能力，以及企业家创业的那种动力。我们知道这些品质虽然不是完全取决于基因，但是如果一个人出生的时候恰好有着这样的基因组合，他就会非常占便宜。阿什莉内心并不喜欢自己的绰号——“打不死的小强”，因为她觉得这个绰号让她听起来像是那种活力十足但头脑简单的人。尽管如此，坚韧不拔的韧性和强大的想象力确实让她得以生存下来。

其次，阿什莉跟父亲普雷斯顿有着非常亲近的关系。哪怕生活中只有一个积极的联结，就像阿什莉跟普雷斯顿之间的那种联结，也往往可以减弱或者抵消另一个消极联结所造成的伤害。其实普雷斯顿并没有在她的成长过程中参与太多，他只不过在家里时常出现而已，但是被阿什莉认为他为她做了很多。其实阿什莉跟父亲只有很少的互动，只不过普雷斯顿是唯一的父亲，而她是唯一的女儿，这就足以让她从中汲取足够的力量，日复一日，年复一年。即便普雷斯顿不在身边，阿什莉对父亲的崇拜也一直都放在心中，并伴随她的成长而逐渐增加，就像她真的生活在一个关爱有加、情感亲密的环境里一样。在某些特定的情况下，这种崇拜可能是一个人活下去的力量。一个人可能会从对某人的崇拜之中获得生活的勇气，甚至被崇拜者并没有机会跟崇拜者互动。只要这种联结本身对被崇拜者有好处，而且双方都对此认可，那它就无可厚非。

最后，阿什莉足够幸运，她所在的学校认为思考比记忆更重要，鼓励学生们尝试自己的想法而非只聆听老师的教诲。阿什莉学会了思考和亲自尝试。即便她学习成绩平平，不可能成为杰出的学生，但是她在学校里依然很开心，而且达到了被斯坦福大学录取的水平。她选择了经济学专业，之后又申请了商学院的 MBA 学位。在商学院的时候，她如鱼得水、应付自如，并发现了自己可以运用一生的各种资源和工具。

但是对阿什莉来说，有条理地把事情做好却并非一件容易的事情。她总是会错过上交论文的截止时间，但是她又非常喜欢这种案例讨论的学习方法，尤其是与企业家创业相关的课程。那种探索未知和冒险的过程，尤其是能让她的企业家精神获得充分成长的机会让她欣喜若狂。但是即便如此，她也做不到把一个项目有始有终地做完。她取得的成就跟她的实际能力相去甚远。

很多企业家都跟阿什莉一样有着这些自相矛盾的多重特质。有些特质可能会让他们获得成功，但有些则有可能让他们功败垂成。具体见表 3-1。

具有这些特质的人并不是太多，但是企业家们显然能从里面看到自己的影子。识别一下自己有哪些有益的特质，可以让我们想办法管理那些消极的方面。

表 3-1　思维跳跃者的典型优势和问题特征

优势	问题
渴望独立自由、掌控自己的命运、自己做老板	不善于团队合作，在私人生活中被亲密关系所困扰
创造力强，有持续不断的新点子	冲动
工作极为努力	驱力过于强大，工作狂
有承担风险的能力	需要用冒险来感知兴奋和投入
梦想家、愿景丰富、独领风骚	无法落地，拙于处理细节
创新者	不能或者不愿意坚持把事情做完
富于领导力	暗中对自己有很多质疑

思维跳跃的应对方法

为了能够有始有终，阿什莉需要搞明白每次开始新项目时，到底是什么力量阻止她继续进行下去。阿什莉自己的优秀基因和亲爱的父亲让她没有被自私的母亲影响太多，她实际上有能力在任何事情上一鸣惊人，如果她能首先决定到底去做哪件事情的话！作为一个天生的创业者，当今这个充满无限机会的社会对她来说简直就是得天独厚，但是她反而觉得自己的生活惨不忍睹，因为她没办法下定决心去把一件事做到底。

到底是什么让阿什莉止步不前呢？安全感。用何塞·奥尔特加·伊·加塞特的话说，就是阿什莉的“沉船地点”（shipwreck）。这是她的母亲达夫妮自私态度的杰作，每次阿什莉有这种感觉的时候都会沉浸在巨大的痛苦里难以自拔。因此，她竭尽全力地回避这种感觉，与此同时，也就回避了成长的机会。

让我来解释一下为什么阿什莉对于自己成长之路上痛苦的回避会让今天的她如此地犹豫不决。阿什莉有个极度自恋的母亲达夫妮，这是最能够导致心理问题的儿童成长不利条件之一。在阿什莉还是一个小女孩的时候，她费尽心机、雄心勃勃地想要创建一个世界上最好的汽水摊，她的母亲却因为妒忌把这件事看成巨大的威胁，于是穷凶极恶地迫使她拆掉了自己精心搭建的小摊子。

尽管父亲普雷斯顿善解人意，但是他很少在阿什莉的生活里出现。因此，阿什莉从来没有从这种创伤里完全地恢复过来。虽然我还指出了一些其他的问题，如阿什莉的意动风格也影响了她把事情做到底的能力，但是她母亲的残酷和妒忌是最核心的原因，让她对在任何方面取得成就都有一种深深的恐惧感。

我们一起回顾了阿什莉这些年来的经历，看到了达夫妮凶恶霸道的一面。她让阿什莉自暴自弃、独自承受痛苦和愤怒，自己却过着富于安全感、趾高气扬的日子。哈佛大学精神病学教授埃尔文·塞穆拉德博士（Elvin Semrad）提到过这种心理病态的发展过程。我与阿什莉反思的过程可以用塞穆拉德提出的三个步骤来总结：治疗师和客户一起对那些巨大的痛苦感受和记忆进行确认（acknowledge）、承担（bear），并且重新诠释（put into perspective）。通过这个过程，客户就能够取得成长，并且开始更为健康的生活。

与此同时，我也激发阿什莉去专注于自己想要做什么。在基本框架五步骤里，她最需要的是第四步——结构。用一个具体的例子，来想象一下阿什莉在我办公室里的情景。我们之间的对话往往是这个样子的：

“在淋浴的时候我想到了好多好主意。”阿什莉跟我说。

“你应该在浴室里放一个本子和一支笔，”我回应，“这样在淋浴的过程中你就可以暂停一下，把它们记录下来，或者干脆站一会儿仔细想想，都不用把自己擦干。写完了就继续淋浴。或者更进一步，你甚至可以搞一个那种潜水用的防水写字板放在淋浴喷头旁边。”

“好主意！”阿什莉回答。然后她停顿片刻，接着说：“那样我岂不是就会有更多没法落地的点子了！”

“你有没有试过最显而易见的解决办法？”我问她。

“是什么呢？”她问。

“比如逼自己只去盯着一个点子跟进啊。”

“但是这就是问题。我总是不能决定挑哪一个点子跟进。”

“那就让我来替你决定吧。”我主动提议。

“怎么能这样呢？即便我答应了，这也未必是对我最好的选择啊。”

“你怎么知道这不是最好的选择呢？”

“因为你是你，我是我啊。”

“好吧。”我回答，“既然你是自己生活的专家，我对此也完全认同，那请告诉我哪一个选择对你是最好的。”

“我不知道！这就是我的困境。我就是因为这个才来找你的。”

“那就让我来帮你做决定吧。请给我 10 个点子，让我帮你选一个来跟进。”

“你在干吗？你是不是成心气我啊？”阿什莉质问我。

“我只是想用逻辑把你的困境往前推进一步，”我回答，“如果你不能做决定，那你不觉得总得有人要做决定吗？为什么不让我来呢？”

“因为你并不了解我，也就不可能知道什么对我最好。”

“那么，又有谁知道呢？”我问她。

“没有人知道。这就是问题。”阿什莉的火气开始往上冲。

“那么，如果包括你自己在内，没人知道你应该去跟进哪个想法的话，你岂不是作茧自缚，把自己逼到那种脑子里一个接一个地冒出想法但没有一个能够实现的处境吗？你为什么要这么做呢？”

“我并不愿意这样啊。这就是我找你求助的原因。我觉得咱们在玩‘谁先张嘴’的游戏。你就不能帮我找个别的办法吗？”

“所以我提议让我来帮你做决定啊，”我对她说，“这已经比一般的咨询师做得多多了。”

“但是我不愿意让你来帮我做决定啊。”

“你已经跟我这么说了。”

“那么我应该怎么决定呢？”她越来越恼火。

“我觉得你自己其实是明白的。”我小心地回答，尽量不去火上浇油。

“如果我真的知道，为什么还跑到这里来找你呢？”

“因为你不愿意去做这个决定。你想把我当成挡箭牌，这样你就可以对自己说‘这下好了，我找了个顾问来帮我做决定，他能让人变得更加专注，他会替我搞定这件事’。然后，你就可以依然不去做决定了。”

“你的意思是这一切都是我在玩游戏吗？”她迅速回击。

“不是游戏，而是一种自我欺骗的行为，也是一种自我破坏的行为。很多人都会这么做。自欺欺人，妄自菲薄。这方面我们都是行家里手。我自己也跟你一样精通此道，甚至可能有过之而无不及！这是人的本性的一部分。”

“就没有什么药能治这个病吗？”阿什莉问我，“我真的希望有什么药吃了就好了。”

“大家都希望一劳永逸。我并不是反对吃药。如果我跟你互换位置，也想找药吃。我给很多人都开过处方，但是每个人都需要对症下药。你现在的处境并不适合用药物来解决。你的问题是热情过度，责任不足。”

“是的。”阿什莉也认同这个说法。

“但是不论早晚，你终究需要自己去做决定。那个时候不仅药帮不上忙，你的丈夫、我以及其他人都指望不上了。那种想要逃之夭夭的感觉会让你疯狂，但是你自己明白你不能这么做。我们可以一起等待这个时刻的到来，我愿意陪你一起等。有人把这个共同等待的过程称作心理治疗。咱们没有时间压力，但是你自己也知道做决定这件事是你不得不去面对的。”我在这里停顿了一下，然后给出一个笑容，“当然，除非你真的愿意让我替你做决定。”

“为什么这对我来说就这么困难呢？我难道是惧怕什么事情吗？”

“确实如此，我们都会害怕做某些事情。咱们马上就要开始面对这个问题了。但是与此同时，你还需要解决另外一些问题。”我回答她。

“那我要怎么做呢？解决什么问题？”

“其实有很多办法呢。”我建议了几个不同的方法，“可能你之前早就听说过这些了。你可以把所有想要做的事情都列在一个清单上，然后从头到尾给它们从1到10打个分，或者把上面的每个条目都写上好处和坏处。你也可以找个比较熟悉的人，大家一起头脑风暴来讨论一下这个清单，或者分析一下在目前哪个选择对你来说是最实际的。如果你非常想要做某件事，甚至可以先试着做个祈祷，看看上帝会给你什么启示。或许，你可以把这些可能性都用大字体写出来，挂在墙上每天都看看。这样你就会把所有的可能性都植入自己的潜意识里面，它们会在你的脑海中四处游荡，看看哪一个点子能突然脱颖而出成为你的首选。或者，你还可以试试催眠，看看自己在恍惚状态下是怎么想的。我并不是在开玩笑，有些人就是用这种方式来做出人生重大决定的。再或者，你可以给自己确定一个截止日期，‘我必须在下周五中午12点之前做出决定’，或者其他的任何一个时间点都可以，也许这种压力会把你想要的答案逼出来。又或者，你用一种完全相反的办法，告诉自己在后面的两个星期里完全不考虑任何事情，等两周之后再看看做何感想。再或者，你可以用完全定量的思维方式，给所有项目的优势和劣势逐一打分，然后看看在排名中哪个最靠前。”

“天啊，”阿什莉说，“这也太多办法了。”

“我还可以再给你找上十几个做决定的办法。视觉往往会有所帮助。你可以用大号粗体字来写这个清单，或者画一个大滚轮，每个轮毂是一个选项。找个视觉化的方法能让你亲眼看到所有的选择都列在眼前，而不是只存在于你的脑海里。这些办法对人们很有帮助，可以帮助大家用更为平衡的方式来找到自己最想要的东西。”

“所以这并不仅仅是一个平均清单。”

“通常意义上来讲不是。”我回答，“平均清单太老套了，而且让人觉得无聊乏味。你需要让它变得更加丰富多彩。用不一样的颜色，用广告牌，如果有可能，也可以用彩灯来制作。任何能诱骗你的思维让你发现自己真正想要什么的方法都可以。”

“诱骗我的思维？”阿什莉问我。

“是啊，”我回答，“你可以通过把问题变成游戏来诱导自己的思维，把解决问题的过程变成一个有趣的玩乐过程。你的心智本身就在诱骗你不去做任何决定啊。你思维中的恐惧让你不去做决定，也就不会泄露这个秘密。”

“什么秘密啊？”阿什莉问我。

“当然是你真正想要的是什么了！”我回答道，“你理解我在说什么了吧？你需要为自己创造一种比逃避和犹豫不决更能吸引你的方式，用一个更有效的结构来代替这种犹疑不决的做法。然后你就知道自己真的想要什么了。”

与此同时，我们还一起建立了一个比较安全的关系，让阿什莉能够慢慢地重新开始回顾、接纳和诠释自己跟母亲的关系，同时学着用有效的方式来对各种选择进行梳理，找到一两件事做下去。她那种“沉船地点”的感觉其实非常简单，类似的这种感受都不是很复杂。“我想要成功，而且我一定会成功！”有一次她信誓旦旦地这么说。于是她做到了。

就像前几章一样，我在这里用之前给出来的基本框架作为结构，把阿什莉的思维跳跃带来的危险一一列出来：

1. 能量。因为在各种想法之间难以抉择，阿什莉常常感到精疲力竭。她成了自己无尽热情的受害者。

2. 情绪。阿什莉不停地谴责自己，形成了一种让自己沉浸其中难以自拔的消极能量场。

3. 投入。因为无法专注投入任何一个点子或者项目，阿什莉持续地在投入和撤出的状态之间疲于奔命。

4. 结构。阿什莉的难题的解决办法就是建立一个结构，但是她自己力不从心。

5. 控制。阿什莉的思维总是如影随形地跟她在一起，取得了对她生活的控制权。对她而言，思维控制了她，而不是她控制自己的思维。

解决方法 给思维跳跃者们的 10 个建议

1. 回顾一下基本框架：能量、情绪、投入、结构和控制。想想看这里面你最需要的是什么。对于多数思维跳跃者来说，最需要的是结构。
2. 把自己的想法都写到纸上，然后阅读这个清单，看看你的思维对其中哪一个最为情有独钟。如果你下不了决心，那就挑出几个，但不能多于三个。
3. 搭建一个能够帮助自己做决定并且实施的结构。从我给阿什莉列出来的那一大堆可能性里挑选一下可能会对你有帮助的方法。
4. 把有可能给你提供帮助的人选也写在纸上。朋友、专业人士、同事、亲戚，任何你觉得能够并且愿意帮你忙的人，都可以写下来。这种问题大家一起努力效果最好。
5. 找一个创业教练帮忙。有个很不错的机构叫作“策略教练”，总部设立在多伦多，由丹・沙利文（Dan Sullivan）和他的太太芭步丝（Babs）一起经营，几十年来帮助很多企业家达成了自己的愿望。之所以提到这家公司，是因为我对他们的工作有直接的了解，而且现在市场上的高管教练服务系统越来越多。这里的要点是去找一个适合自己的教练和体系，没有一个体系是放之四海而皆准的，别掉进那种以为自己能独立搞定一切的陷阱里面。

6. 找个对你了如指掌并且欣赏你的人一起进行反思，看看到底是什么情绪障碍或者一触即发的“热点”让你止步不前。你是不是也像阿什莉那样因为童年时体验到的威胁感受而害怕取得成功？

7. 坚持不懈，不要退缩，利用自己的意志力坚持下去。不要因为害怕取得胜利或者伤害对手而逃之夭夭。很多人对自己的力量感到恐惧，宁可将之深埋心底也不愿意全力以赴地去使用它。有时候人们也会害怕如果自己取得成功就必须伤害其他一些人，但是生活并非零和博弈。通常情况下，在你成就自身的时候，其他人也会得到好处。即便你在一个直接的竞争过程里取得了胜利，比如在网球比赛里击败对手，这个比赛的失败者也会从比赛过程中获得宝贵的经验，可能会有动力下次打得更好，也可能从你这里学到了一些诀窍，你们之间的关系也可能变得更亲近。有句老生常谈的话说得很好：游戏里唯一真正的输家是那些不参与游戏的人。

8. 不要掉进妄自菲薄的陷阱里。很多人对自己的评价或者对自己所做贡献的评估远低于他们的真正实力。我曾经给哈佛大学化学系做过多年的顾问，在里面发现了一个非常重要的事情。这是一个出过 5 位诺贝尔奖得主的世界级团队，但是其中的大多数研究生和博士后私下里都觉得自己是因为走运才侥幸进入这个团队的，并非实至名归。很多时候，感到自己能力不足仅仅是一种感受而不是一个事实。要更多地关注那种觉得自己能够取得成功的感受。假以时日，这种感受就会越来越强。

9. 有句老话很有道理：不论你认为自己行还是不行，你都是对的。与此同理，心理学家卡罗尔·德韦克（Carol Dweck）已经证明成长型思维模式（growth mind-set）比固定型思维模式（fixed mind-set）对我们更有利。拥有成长型思维模式的人会这么说：“不论我的目标是什么，我都能找到让自己达成目标的足够资源。”与之相反，拥有固定型思维模式的人会说：

“我有太多的限制因素了，智商、收入、外貌、种族、性别，还有其他太多我身上的品质都在限制我的成就。”德韦克的研究证实两种思维模式其实都是自我实现的预言，并且每个人都可以学习和开发自己的成长型思维模式。[3] 这确实是个好消息！

10. 为你的天赋感到欢欣鼓舞：你有很多很多好点子。你只需要跟合适的人组成一个团队，也就是那些没有那么多好点子但是擅长把其他人的点子执行落地的人，这样你就能看到自己的想法变成现实了。

04

焦虑过度

如何把有害的焦虑转变成解决问题的行动

杰克在凌晨 4 点半的闹钟启动之前很早就开始在脑子里罗列自己必须要做的事情了。他跟马文有个 7 点半的早餐会议，然后是 11 点跟拜里恩的例行电话会议。除了这两件事之外，他还需要打几个电话，然后找时间做几个调查。

突然想起来自己跟塞雷娜还有个午餐会，杰克恨恨地咒骂了一声。他们约好了要探讨一下塞雷娜提议的对一家生物科技公司的投资设想。杰克很讨厌跟不愿意相处的人一起吃饭，但是经常不得不这么做。

闹钟响起的时候，杰克的太太娜恩大声地发了句牢骚，然后把枕头裹在了自己的脑袋上，翻了个身。杰克从床上爬起来，走进宽大的浴室。第一件事是把他放在浴室的咖啡机打开，这东西就像加油站一样管用。然后，他开始看手机上的消息。

“说好了打壁球的，你来吧？”安迪发来了一条信息。

“不好意思，只能取消了，”杰克回复他，“事情太多了，多得离谱。”

“好吧，”安迪回复他，“我昨天喝多了，再去睡会儿。再聊。”

杰克把手机放下，然后开始冲澡。用他自己的话说，他就是个“超强大脑”。杰克是个进取心超强的对冲基金经理，永远处于“开工状态”，并且因此而倍感自豪。他四处炫耀自己经过多年的训练，每天只需要睡 4 个小时，就能精力充沛、表现完美。每当娜恩告诉他，他需要更多睡眠的时候，杰克都会回答说：“我死了以后会有很多的时间来睡觉。”

娜恩迷迷糊糊地从床上爬起来，下楼走到厨房的时间是 5 点 15。被杰克吵醒让她很生气，如果他稍微体贴一点的话，至少应该知道到客房去睡觉。她觉得不仅自己像个僵尸，而且也嫁给了一个僵尸。她需要竭力控制自己，才不会对杰克吼起来。

这时候杰克已经在自己的笔记本电脑前紧盯市场走向 20 多分钟了。每当他紧张地盯着电脑，就喜欢去啃自己已经残破不堪的大拇指。这是他小时候从父亲身上学来的一个坏习惯，一紧张就啃手指头。娜恩对他这个毛病深恶痛绝。

娜恩给自己煮了一杯意式浓缩咖啡，这时候杰克正在全神贯注地分析昨天市场的大幅跌落，连头都没有抬。她在琢磨杰克需要多长时间才能发现她也在这间屋子里。他们已经结婚 9 年了，曾经娜恩心中的那个灵魂伴侣，那个才华横溢、风趣幽默的波士顿大学的全美最佳阵容冰球运动员，现在已经变成了眼前这个焦躁麻木的工作狂，典型的“华尔街之狼”。她觉得自己已经不认得这个人了。

在学生时代，杰克就是个高效能人士。他可以前一天晚上彻夜狂欢，第二天照样在统计学考试中表现得出类拔萃。结婚 9 年、生了两个孩子之后，之前那个所有女孩眼中的白马王子，现在已经变成冷血的“资本鲨鱼”，沉默地凝视着各种一击必杀的机会。

杰克对自己的生活非常满意。他非常享受寻求各种投资机会的过程所带来的快感。每当他做成一笔交易，就会体验到跟之前打冰球破门得分一样的喜悦，这给他带来那种“噢耶”的感觉。即便是在不工作的时候，他也喜欢谈论投资、并购、出售，并且会把任何一个话题跟赚钱联系起来，而且最好是一次赚到一大笔。他对这个游戏已经完全上瘾，难以自拔了。

寻找你的影子

若你具有本章所描述的注意缺陷特质类型，
则倾向于认同以下特点：

- 即便在外部现实并不令人担忧的时候，我也会感到担忧或者焦虑。
- 不论工作多么努力，我还是会觉得自己做得不够。
- 经济滑坡和 30 亿美元的海外投资一直都让我担忧不已。
- 我来自一个充满焦虑的家庭环境。
- 每当接近成功的时候，我就会焦虑不已。
- 如果我能少焦虑一点，肯定能取得更多成就。
- 我记不得上一次心无挂碍、完全不焦虑任何事是什么时候了。
- 那些准备不足的人让我感到无可奈何。
- 让我们实话实说：这个世界正在江河日下，即将陷入万劫不复的状况。
- 我有太多时候因为恐惧而不能自已。

娜恩当然知道自己从杰克那些点石成金的致富诀窍里获益多多。尽管他们两个人出身贫寒，但现在已经身家百万。他们在西区上街的富人区拥有一套豪华公寓，在汉普顿还有一套度假别墅，这些都是杰克认为“过上纽约人的生活”必不可少的要素。他们的孩子都在曼哈顿的私立学校里读书。在外人眼中，他们就是那种“功成名就”的夫妻。但是大理石浴室和私人司机都费用高昂，而且娜恩觉得这些门槛的高度实际上还在与日俱增。

“别啃你的大拇指了！”她大声斥责。

被吼了一嗓子之后，杰克匆忙把自己瘢痕累累的手指头从嘴里拿出来，继续紧盯着屏幕。

娜恩很怀念他们之前的温情脉脉，因此决定继续尝试跟杰克建立联结。她走到杰克身边，把双手放到了他的肩膀上，温柔地给他按摩，然后试着让他转过身来不再看屏幕。但是杰克的身体不但没有放松，反而慢慢地紧绷起来了。

“亲爱的，”她依然在努力，“你现在又在为什么事情而烦心呢？”

杰克看上去总是一副心事重重的样子。

“我在做规划呢。”杰克的回答充满了不耐烦，“我们的生活全靠这些了。如果我不保持领先，怎么能赢得竞争呢？”

娜恩感觉自己就像一个瘪下去的气球，气一下子就跑光了。她觉得自己已经无力回天，没办法改善杰克的状态或者挽救他们的关系了。尽管他们非常富有，但他那种对他们“未来”的杞人忧天从未停止，而且传染性很强。只要杰克一出现，娜恩和孩子们就能够感受到他身上不断散发的焦虑，就像一台不断发热的汽车引擎，甚至他不在身边的时候也是如此。如果他们打断了杰克的工作，他就会变得非常有防御性，而且脾气暴躁。两个孩子一个才 6 岁，另一个也只有 8 岁，但是他们都学会了在自己父亲面前小心翼翼。娜恩曾经梦想的婚姻天堂现在已经变成一个草木皆兵、紧张郁闷的四重奏。她觉得身心疲惫、倍感挫折。

“今天晚上你能不能试试看尽量参加杰里米的演出啊？”娜恩也感觉到了自己说“试试看”时的尖刻语气，但还是没忍住。

“你觉得让他去上一所有各种演出的好学校但我没时间参与好呢，还是上一所跟我小时候一样的那种什么都没有的破学校，然后我有空去学校看他好呢？”

娜恩彻底放弃了，大声冲着杰克吼叫起来："别说了！省省吧！别再把你那个烂童年挂在嘴边了。"

杰克戛然而止，吓了一跳。

"我们才是你现在的家庭。"娜恩声嘶力竭地大喊，"虽然你父亲收入微薄，从来没赚过你这么多钱，但是他每天早晨 4 点起床带你去练冰球。如果他知道你现在就花这么点时间在他的孙辈们身上，他会替你害臊的。"娜恩引爆了一颗炸弹，因为杰克的父亲去年刚刚去世，而且一直到死都非常贫穷。

坐地铁去上班的路上，杰克继续查看邮件，同时听着商业新闻的播客，用这种方法来压制老婆的苛责。他持续不停地寻找各种方法，这让他觉得自己比平时更加焦虑。于是他又啃起了大拇指、挠头皮、敲手指头、抖腿，所有的焦虑症状一起爆发了。

杰克其实知道自己现在挺有问题的。因为娜恩的坚持，他也在用某些临时的方法来试着去处理自己的慢性焦虑。但是因为他总是不能长时间地保持投入，所以夫妻治疗或者冥想对他来说并没起到作用。他还试过"百忧解"（Prozac），但是也放弃了。尝试了种种方法都没有效果，反而让杰克更加努力地投入工作。对他来说，努力工作似乎是解决一切状况的法宝。他的目标永远是"更多"，从来没有"足够"这么一说。

杰克觉得自己只有在挣了更多钱之后，焦虑才会转变成信心，因此他让自己更加勤奋自律、投入更多时间在工作上。只有他真的"得了高分"以后，就像他经常津津乐道的那样，才可能有更多的时间待在家里，陪自己的老婆和孩子。

忙碌了一整天之后回到家里，杰克发现屋里的灯没有开，娜恩的车也不见了。他心想："他们应该已经看完杰里米的演出到家了啊。"杰克一边走进厨房打开顶灯，一边琢磨他们为什么还没回来，然后在冰冷的大理石桌面上看到了一封娜恩手写的信：

亲爱的杰克，

我曾经对我们的婚姻期望很高，梦想很美。如果你还想要跟我一起追寻当初梦想的美好生活，请你让我知道。现在，你先一个人待一阵子吧，我带着孩子去安妮家里了。

娜恩

杰克完全被吓蒙了。片刻间，他完全麻木了，脑子里一片空白。然后，就像有人提醒他一样，他打开了笔记本电脑，继续查看市场行情。

基于恐惧的生存精神

同样，杰克这种类型的注意缺陷特质也源自他童年的生长环境和成人后工作生活环境的巨大影响。今天，大量的人生活在这种快节奏、持续焦虑，并且无法专心致志去做任何事情的环境里。我们不仅生活在一个充满焦虑和恐惧的时代，还要面对各种消极情绪的即刻传播，因此杰克这种注意缺陷特质实际上非常普遍。杰克的问题主要是由恐惧导致的。他的基因里本就充满了焦虑的气质，而他的家族所承载的大屠杀历史更让这种性情延续到了极致。

杰克来自一个贫穷的犹太裔德国移民家庭。他的祖父约瑟夫童年时从布痕瓦尔德集中营里幸存了下来。被释放出来的时候，约瑟夫饥寒交迫，恐惧到了极点。20 世纪 40 年代，他想办法到了纽约皇后区，与一个家风严谨的东正教家庭的女儿结了婚，生了三个孩子，其中就有杰克的父亲。约瑟夫一辈子都在为市政府当看门人。尽管家里一贫如洗，但全家在虔诚的宗教信仰下非常亲密，在社区的犹太教堂里也获得了很多欢乐。

看门人收入微薄，过日子必须量入为出，经济上总是很紧张。这个家庭除了要竭尽全力地保住自己在美国中产阶级中摇摇欲坠的底层位置，还要持续不断地与挥之不去的恐惧做斗争。社会学家认为这种细微但持久的对于死亡的恐惧是很多人类行为背后的驱动力。“恐惧管理理论”（Terror Management Theory）认为人类这个唯一能够意识到自己终将死亡的物种，总是在竭尽全力地去回避对死亡的恐惧。[1]宗教提供了一种应对这种恐惧的方法，但是有的人依然从民族主义、药物、对他人的仇恨和其他形式的心理幸存手段中寻找答案。

对于那些在纳粹手下差一点被灭绝的欧洲犹太人而言，恐惧管理成了一种非常关键的生存工具。为了避免被这种灭亡的恐惧所击溃，约瑟夫与其他很多类似的人都发展出了一种基于恐惧的生存精神，翻译成幸存者的信念就是“凡是杀不死我的都会让我更强大”。对约瑟夫而言，人生充满了各种威胁，因此武装自己和家人来防御各种真实的或者想象中的攻击是非常有必要的。

杰克在 5 岁的时候，有一次意外听到祖父约瑟夫跟邻居说起了集中营里的惨状。那天晚上杰克从噩梦中尖叫着醒来，他的父母严厉请求约瑟夫以后再也不要谈及任何关于布痕瓦尔德集中营的事情了，尤其是在杰克面前不能提。

对于这种家族背景里有种族灭绝、酗酒、吸毒或者虐待历史的情况，跟孩子们讨论家庭的创伤成为绝对的禁忌，因为这些讨论会带来太多的痛苦。于是约瑟夫只好另辟蹊径，用别的方法来把自己的悲惨人生经验传给孙辈。曾经有一次，约瑟夫正在跟杰克玩“信任博弈”的游戏。他让杰克到楼梯前面，走上 8 级台阶，然后仰身向后倒下来。“我会接住你的。”约瑟夫跟杰克这么说。

杰克服从了祖父的命令，约瑟夫却站在一旁无动于衷，并没有伸手去接住他。小家伙狠狠地摔到了地板上，脑袋磕得不轻。“这就是我给你上的一课，”约瑟夫告诉眼前这个哭哭啼啼的小男孩，“绝对不要相信任何人。”这一课让杰克刻骨铭心。更早些时候，他学到或者说被教导人生永远是不安全的。他的养育环境告诉他，不能依赖任何人活着。

杰克的父亲丹尼尔也在差不多这么大的时候，从约瑟夫那里接受了这种不信任的教育，于是他身上也充满了这些跟创伤幸存者类似的印记。[2] 威胁和受害者心态在杰克的家里始终是挥之不去的背景，就像一刻不停嗡嗡作响的冰箱的声音。沉浸在这种环境里的杰克不用真的有人教就逐渐吸收了这一切，虽然他那时候还似懂非懂。他觉得自己跟皇后区的其他孩子不一样，但是不知道为什么。

与此同时，杰克的父母望子成龙的心态很强烈。父亲丹尼尔是中学数学老师，母亲埃伦是家庭主妇。尽管与约瑟夫相比，经济上并没有大的改观，但他们仍然想方设法地让杰克和他的三个兄弟姐妹都到很好的公立学校去读书，学了希伯来语，而且让他们享受了虽不够奢华但非常体面的成人礼。丹尼尔竭尽全力让杰克成了一名冰球好手。他早晨4点钟就把杰克叫起来，带他去训练。杰克不仅头脑灵活，而且有着意料之外的天分，居然靠着打冰球一路念上了大学。

冰球对杰克而言确实是上天赐予的运气，不仅让他上了大学，而且给了他一个放松喘息的机会，哪怕只是片刻而已。他发现自己也有享受乐趣的一面，或者说他创造了自己的这一面。他得到了美国水平最高的冰球大学校队波士顿大学的正式位置，并且因此获得了一份奖学金。在波士顿大学，他有生以来第一次觉得自己从恐惧之中解脱了出来。杰克人生的另一面在冰球场上和联邦路的宿舍里逐渐生根发芽。他有机会跟来自不同背景的人成为朋友，这些人并没有那种“世界是个黑暗和危险的地方”的信念。他发现其实人们是值得信赖的，也体会到偶尔放下自己的警戒是安全的。

杰克也打开了自己的生活之门，让爱情走了进来。实际上，他的生活因为爱情的到来而天翻地覆。这一切发生在他上大二的时候，跟其他许许多多的爱情故事如出一辙——看似无心，其实有意。杰克说他之所以选择了娜恩是因为“那一晚，她是整个房间里最美的女人”。

娜恩的家庭背景跟杰克完全不同。她来自马萨诸塞州韦尔斯利的一个幸福温暖、中产阶级的犹太人家庭。她天资聪颖、勤奋努力，主修英语专业，同时还辅修了音乐表演。杰克发现并激发了她内心对生活的渴望。娜恩毕业之后并没有去找工作，而是渴望建立一个亲密无间的家庭，里面充满乐趣、爱和欢笑。她觉得杰克比她还要聪明优秀，但同时也意识到杰克坚硬外壳下有颗受伤的心，以及在狂欢派对背后隐藏的不安全感。

面对娜恩丰满的身材，杰克的一些玩笑话会让她觉得他非常大男子主义。但是每当她斥责杰克的时候，他总是继续对她进行调侃：“抱歉，宝贝，这就是一个脑残笑话而已。”这时娜恩会捶打杰克的胳膊，然后就皆大欢喜了。她就像一个还不成熟的年轻母亲，对待杰克就像对待一只迷路的小狗。娜恩的爱和亲密起到了心理治疗的效果，杰克在不知不觉中对她敞开了心扉。他告诉了娜恩祖父在楼梯间里跟他开的残酷玩笑、自己童年所经历的偏执环境以及家里挥之不去的阴霾。娜恩认真地聆听、全盘地接纳，帮他洗去哀伤，并且报之以最让杰克舒适、信任和安全的回答——“我爱你”。他们对未来的美满家庭憧憬不已，杰克认为“那里将没有任何我童年所经历的乌七八糟的东西”。

但是好景不长，杰克进入了高盛投资公司工作，然后又离职创业，建立了自己的对冲基金，一切就变得完全不一样了。他的焦虑基因杀了个回马枪，而且更胜以往。因为杰克有来自贫困家境的过度代偿心理，所以他加倍努力地想要功成名就。因为童年的破瓦寒窑让自己受尽屈辱和寒酸，他多次想给父亲一大笔钱，让父亲辞职不再工作。但是丹尼尔每次都拒绝杰克的赠予，并告诉他：“我喜欢自己现在做的事情。如果你觉得我给你丢脸了的话，那我只有抱歉了。”

“老爸，”杰克大声抗议，“我没觉得你给我丢脸。我就是想弥补你这么多年的不容易啊。”

“那你就去做个好人，一辈子开开心心的，”丹尼尔回答说，“这就是我全部的希望。”

杰克反问：“你不觉得我现在就在这么做吗？”

“这是你自己说的。”丹尼尔回答。

这场谈话就这么不欢而散了。那句背后包含着千言万语的“你自己说的”也就这么不了了之了。

丹尼尔觉得，如果自己真的拿了儿子的钱，就等于认同了杰克这种缺乏信仰、金钱至上的工作狂生活态度，而这恰恰是他非常不认可的地方。有一次，丹尼尔曾经就这个话题对杰克大发雷霆，两人争吵得一塌糊涂，之后还冷战了两个月。

“你在工作上花了太多的时间，却不去跟你的家庭在一起，”丹尼尔总是这么斥责杰克，“就算你最后家财万贯，上帝还是会知道你没有正确的生活态度。”

“就算是吧。我其实是在把你没挣到的那些钱都赚回来呢。”杰克不甘示弱，立刻反唇相讥。“最起码……”丹尼尔还算是客气的，没把后半截话直接说出来——“最起码我能挣够钱让我的家人过上好生活”。

两个人在这种谈话里都备受伤害，于是就保持着这种僵持冷淡的生活。

毕业之后不再有冰球场可以纵横驰骋，也没有了更衣室里大家的嬉笑怒骂，跟同伴兄弟们的胡吃海喝也成为往事，于是杰克又缩回了自己的壳子里面，重新成为一个机警、勤奋和焦虑的人。他也不再主动去跟娜恩亲密缠绵，而是对她视而不见。他认为大学生活的伊甸园已经成为历史，不必念念不忘。现在需要进入“真实世界”了，用他的话来说就是“狗咬狗一嘴毛”的世界，如果你相信别人，就只有被吃的份儿了。

对冲基金经理这种过山车式的生活激发了杰克血液里本就浓度很高的焦虑。他并不知道焦虑会对自己造成怎样的伤害，因此他不仅不觉得这是个问题，反而沾沾自喜，认为没有焦虑自己就会暴露脆弱和缺陷，容易被攻击。杰克坚信一个看似疯狂但其实非常普遍的观念：如果我们愚蠢到胆敢去放松享受无忧无虑的生活，那么命运就会像当年他的爷爷约瑟夫那样，把我们从楼梯上扔下去，一摔到底；但是如果一个人总能保持警觉和担忧，命运就会保他平安。

娜恩以及其他朋友建议过杰克，起码可以找个周末在汉普顿的度假小屋里轻松一下，但他的反应是无动于衷。对杰克而言，家庭度假地点也是一个“工作站”。即便全家在一起骑自行车，他的注意力也都在市场行情上。在不工作的时候，杰克真的不知道该干些什么。他总会觉得什么地方出了问题——不是错过了什么重要的事，就是马上要大难临头了自己却一无所知。

毒性焦虑

杰克并不明白自己的生活质量有多差，也不知道自己对身边亲近的人造成了多大的消极影响。他觉得自己本身是非常出色的，是焦虑让他在某些特定的事情上犯了错误。于是他把自己隔离起来，跟娜恩的距离越来越远。他坚信自己正在为两人共同梦想的完美幸福家庭贡献力量，却完全没有注意家庭生活这个最核心的焦点。

除了这种毒性焦虑之外，杰克还对自己耍了个心理学的把戏。他决定把自己的焦虑看成积极的东西。只有在对某些东西深感焦虑的时候，他才会觉得心里踏实。如果没有这种虽然令他痛苦但感到坦然的焦虑，他就会觉得自己不堪一击。于是，他把焦虑视为虽然痛苦但是能让自己专心投入的动力。杰克对功成名就的渴望极为强烈，对不能成功的恐惧更是到了无以复加的地步，因此他觉得自己别无选择，必须全力以赴地投入工作，并且对任何可能的失败都准备充分以确保万无一失，不成功便成仁。同时，为了避免去面对自己除了工作之外一无所有的生活，杰克让自己加倍地专注于工作，无暇四顾。

娜恩眼睁睁地看着杰克的惶恐与日俱增，最终变成了淡漠和疏远，她之前那种拉他一把、给他温暖的能力也逐渐流失了。杰克现在已经太强大、太激烈了，认为世界是一个残忍报复、以牙还牙的地方的观点也太固执了，娜恩感觉自己已经无力回天了。她一度觉得自己能把当初坠入情网的那个杰克找回来，直到那天早晨，她彻底绝望了，于是只能选择一走了之。

毒性焦虑，也就是那种对鸡毛蒜皮的小事情也过度焦虑的倾向，在今天的社会里其实非常普遍。有非常多的现代人觉得自己的生活草木皆兵、危机四伏，并且看不到任何积极的东西。这个问题已经如此普遍，以至于我特意为此写了一本书——《焦虑》(*Worry*)。自那时起，那些我之前提起的诸多现代性的问题，也就是这种毒性焦虑愈演愈烈、遍地开花，已经变成我们的背景噪声了。

杰克的这种焦虑倾向有基因的成分，然后又被他所选择的工作环境所放大。在过去的 20 年里，很多研究表明，我们的 DNA 里有很多情绪和情感的基础，包括焦虑。[3] 杰克有着与生俱来的焦虑基因。科学家们已经识别出来了一些基因变体，它们能够导致人对于环境压力的高度敏感，就像杰克、他的父亲和祖父所表现出来的那样。不仅如此，还有一个基因变体可以使人形成与生俱来的对于消极情绪的敏感性，但杰克对此一无所知。

抑郁和毒性焦虑可能是因为大脑中遗传性地缺失一种强有力的情绪控制神经递质，也就是血清素，这已经是广为人知的事实。[4] 于是，针对抑郁和焦虑最常见的处方是一种被称为选择性多巴胺再吸收抑制剂（SSRI）的药物，它能够增加大脑中的血清素浓度。[5]

但是基因永远不会是故事的全部，即便像身高这样高度遗传的特质也会受到环境的影响。如果你生长在一个终日不见阳光的地牢里面，或者食不果腹、营养缺乏，就不可能长到你基因所决定的正常高度。

杰克的焦虑是人为造成的。他的爷爷约瑟夫对丹尼尔和杰克的教养方法可以称得上是虐待儿童了。但是约瑟夫却觉得自己是在为他们好。“这样才会让你们真的明白！不要相信任何人。连自己爱的父亲和爷爷也不能相信！”

约瑟夫的教养方法所造成的心理后果和整个家庭的世界观，使得丹尼尔和杰克就好像生活在一个情绪的地牢里面，从来看不到阳光。杰克的基因和生活经历一起把他塑造成了一个毒性焦虑者。幸运的是，在杰克去波士顿大学读书的那几年里，环境起到了积极的作用。在新朋友和冰球队的影响下，父亲和祖父的消极影响逐渐退去，杰克开始能够逐渐信任别人、感受乐趣，甚至开始恋爱了。

但是好景不长，当杰克发现自己深陷竞争激烈的华尔街的时候，环境第三次对他产生了影响。儿时约瑟夫对他的可怕教导又回到了脑子里，杰克的原始脑时刻准备着让他的基因接管这个世界。

“联结孤岛”

这个世界上有很多人跟杰克一样，在基因层面有着过度焦虑的倾向。但是他们之中并非每一个人都拥有这种达到毒害程度的担忧。杰克坚信不疑，要想登上成功的顶峰，这种程度的焦虑是必不可少的。即便后面的逻辑非常似是而非，但是他依然把这种心智模式视为巨大的优势。

现代社会造成了很多状况，使得任何具有这种忧虑气质的人都防不胜防，掉进了这种毒性焦虑的陷阱。我发现只有少数人身带“快乐”基因，几乎不会为任何事情担心，或者天生头脑冷静、不会抓狂。像杰克这样天生就容易担忧焦虑的人实际上有很多。

不仅如此，当今社会的诸多因素与人类的心理特性混合在一起，让大家的毒性焦虑变得一发不可收拾。电子通信技术迅捷无比、无所不在，让每个人都沉浸在负面消息的海洋里，让那些本就忧心忡忡的人更加焦躁。虽然没人想要时时刻刻听到坏消息，但是它们确实比好消息更能抓住我们的注意力，而且在数量上要多得多。生活中的坏消息取之不尽，永远不会有片刻停歇，而且恐惧具有最强的传染能力。恐惧本身其实很值钱。广告商们最喜欢惊爆眼球的事情，而最能让人全神贯注的东西就是恐惧。因此，一大批创造力超强的人每天都在竭尽全力地大量生产各种让人害怕恐惧的信息。

最重要的是，就像我在本书前言部分提到的，今天的我们生活在一个前所未有的悖论里面。一方面，电子产品让我们相互之间的联结空前地便捷，事实上电子联结是这个时代最具有决定意义的发明；另一方面，它却又导致了人际关系的断裂。我们实实在在地从相互的视野里消失了，人们不再像 20 年前那样面对面地进行交谈。就像哈佛大学的社会学家罗伯特·帕特南（Robert Putnam）在他那本 2001 年出版的精彩著作《独自打保龄》(*Bowling Alone*) 里所说的，现在的我们生活在一个“联结孤岛”（connected isolation）里面。麻省理工学院的社会学家和心理学家雪莉·特克尔（Sherry Turkle）在她 2012 年的著作《群体性孤独》(*Alone Together*)[①] 中也持有类似的观点。

① 该书中文简体字版已由湛庐文化策划、浙江人民出版社出版，并荣获第十届文津图书奖。——编者注

所谓的“联结孤岛”，实际上是对当今一种常见症状的讽喻，人们相互之间的联结看似过度饱和，因为基本上都是通过电子产品来联系，但是与此同时那种孤独感却又与日俱增。

现代社会的这种“联结孤岛”状态剥夺了人们开发人际联结的机会，而人际联结又恰恰是最强有力的抗焦虑手段。我曾经的精神病学老师，哈佛教授托马斯·古泰尔（Thomas Gutheil）曾经跟我们说：“焦虑本身并不是问题，其实焦虑是个好事情。但是千万别孤独。”“千万别孤独”，让我铭记终生。

我们这个时代产生如此多的毒性焦虑，其中一个主要原因是包括杰克在内的许多人都在独自焦虑。这个世界会把人们身上每一点滴的毒性焦虑的潜在可能都充分激发出来。[6] 表 4-1 呈现了诸如建设性焦虑这样有益的、适应性的行为是如何逐渐变得有害的。

表 4-1　过度焦虑所产生的收益和问题

收益	问题
解决问题	太纠结于问题
负责任，尽责心	过于警惕
雄心壮志，勤奋工作	不能放松和享受乐趣
独立自主	不能相信他人，隔离
聚焦	强迫性
寻找机会	寻找各种威胁
保护性	偏执
竞争力强，喜欢高压环境	在没有压力的时候会感到极端无聊

焦虑过度的应对方法

其实杰克认为世界充满了危险的看法本身并没有错，而且确实有很多事情真的值得我们去焦虑。生活充满了不确定性，相信所有人都处于一定的风险中。裁员、外包、法律纠纷，经济体系本身就非常脆弱，全球性的竞争更加让人感到不安。

但是杰克的焦虑程度跟一般人相比要高出很多，并且他焦虑的方式有更多的自我伤害成分。他相信小心驶得万年船，是焦虑让自己得以平安，而事实上这种焦虑让他分心，不能专注于真正重要的事情。

当失去娜恩和孩子们的时候，杰克觉得这种痛苦难以承受了，于是找到我寻求帮助。在与他相互了解的过程中，我首先对他焦虑的合理性表示了认同，然后才邀请他看看自己是如何夸大了这些焦虑的，然后再指出来他这种习惯性的毒性焦虑对生活造成了怎样的阻碍。对于毒性焦虑最好的补救办法，就是不要独自焦虑，于是我跟杰克一起来承担这种焦虑，并试图去减弱这种焦虑的强度。

我同时也提示杰克，为什么他的焦虑如此地坚如磐石，挥之不去。“为什么不放手呢？”

“这跟我不能在第五大道上裸奔一个道理。”

“你觉得自己的焦虑保护了你？”

“我知道我的焦虑保护了我。”

“它对你的伤害比你认为的还要大。”

“你是怎么知道的呢？”

“因为我能看到一些你看不到的东西。”

“你这么聪明呢！”

“不是，是你自己瞎了眼！”

“所以，你觉得我是个笨蛋？”

“不，实际上，我知道你精明强干。但是你看不见自己成长过程中发生了什么，也不知道祖父身上到底发生了什么。”

令人啼笑皆非的是，杰克让自己感到安全的方法就是持续不断地焦虑。他只有把自己浸泡在恐惧中才会真正地感觉到安全。我帮助他提升自己的洞察力，增加他在意识层面的觉察，并且让他用足够长的时间在当前的生活中试水，让他自己来发现其实不需要生活在恐惧中也可以非常安全。这确实花了一些时间。

我会把“人际联结”和物理锻炼作为处方开给我的一部分客户，杰克就是其中之一。不仅如此，我还给他开了依地普仑（Lexapro），一种选择性血清素再回收抑制剂。普遍而言，这类药物被大面积地滥用了，但是因为杰克的焦虑对他的毒害程度太深了，所以我才采用了药物治疗和其他干预手段并行的方式，这可以加速他康复的过程。

杰克已经陷入了泥潭但自己并不知情。我只能去充当这个恶人的角色，不停地在他耳边重复他最讨厌听到的内容。

“你很想念娜恩和孩子们。”

“你是在提问吗？”

“不是。”

“你这个混蛋。”他回答。

“你才是混蛋。”我骂回去。

屋里一片寂静。然后是一声叹息。然后继续沉默。

“我真的很讨厌你。”他说。

“我不怪你。我也不会喜欢那些指出我毛病的人。”

又是一阵寂静。然后是另一声长长的叹息。“很不爽。我忍到头了。”杰克站起身来，扬长而去。咨询时间才没过多久。

在下周的治疗中，杰克依然按时到来。他后来始终坚持着按时过来咨询，直到找到改变自己的方法。

毒性焦虑造成的注意缺陷特质是可以完全治愈的，尤其是像杰克这样竭尽全力想要解决自己的问题的人。

就像我之前为莱斯、琼和阿什莉所做的那样，在杰克的这种情况下，我也使用了同样的基本框架，并且注意到了以下危险：

1．**能量。**过度焦虑会吸干人的精神能量，就像冬天里的破窗会把屋子里的热气一点点散去一样。控制焦虑本身，就会使人的精神能量大大增加。

2．**情绪。**对于学习和工作表现来说，情绪是个“开关”阀门。毒性焦虑让人无法学习，同时也会影响人们的学习和工作表现。

3．**投入。**如果焦虑占据了思维，你就不可能全心投入任何事情。

4．**结构。**如果焦虑程度太高，你就很难去遵从任何结构的约束。你会不停地回到自己焦虑的地方，就像舌头上那种永远治不好的口腔溃疡。

5．**控制。**带着这种毒性焦虑，你完全把自己的控制权交给了焦虑的过程本身。

解决方法 给毒性焦虑者们的10个建议

1. 别独自焦虑。如果只有你自己，毒性焦虑会猖獗肆虐，但是如果有两三个人或者更多人一起面对，它就会逃之夭夭。

2. 寻求事实。毒性焦虑源自信息匮乏、错误信息，或者两种情况同时发生的时候。

3. 制订计划。毒性焦虑最喜欢欺负被动的受害者，但是面对一个有条不紊、规划有序的人，它就会无从下手。

4. 如果计划进行不畅，那就修改计划。人生就是一个持续不断调整方向并绕开阻碍的过程。

5. 寻求专家的帮助。在关键时刻，专家们物超所值。

6. 坚持定期锻炼身体会让毒性焦虑无法靠近。

7. 内观冥想也是防止毒性焦虑的好工具。

8. 做些跟你所焦虑的事情毫无关系的事来转移自己的注意力。

9. 保持觉察。回想一下有多少次你对自己的人生忧心忡忡，到头来却不是虚惊一场就是杞人忧天。

10. 打破那种被我称作“焦虑基本公式”的循环——脆弱的感觉，加上控制感和力量感的减弱，就会导致毒性焦虑。因此，任何能够减弱脆弱感觉、增强力量感或者控制感的东西，都会减弱毒性焦虑。

05

先人后己

如何停止四处为他人救火却不顾自己的困境

“如果我现在把你们都扫地出门，你们觉得大家的士气会怎样？”斯坦怒不可遏，双拳握紧，满脸通红。整个屋子里一片寂静，所有人都盯着他的脸。

“士气是种奢侈品，我们现在根本负担不起！”他继续嚷嚷着，“所以，请大家赶紧闭嘴回去干活吧，要不然会有更多人丢饭碗！”

员工们被吓得不轻，大家都默默地起身离开了会议室。经过走廊回到自己的工位上，大家交头接耳或者交换目光，仿佛在相互询问：“你能相信刚才发生的事情吗？”

斯坦还在会议室里怒气冲冲地站着，一动不动。他把之前紧握的拳头松开，双手撑在会议桌上，脸色依然铁青。他的副手，公司的副总裁玛丽，也还坐在会议室里，一言不发。

跟公司的其他员工不一样，玛丽觉得自己跟斯坦始终是一条心的，能够感觉到他的情绪。尽管斯坦确实能力超群，但是他非常傲慢自负，而且在心理上很不敏感，对于刚才自己为什么勃然大怒一无所知。

跟玛丽一样，斯坦也在这个公司工作很长时间了。但是公司正处在转型的过程中，临时 CEO 的职位给了他很大的压力，玛丽知道这是他无法承受的。斯坦做不到接受和管理这种压力，反而开始对自己的下属大肆攻击。

“我们大家压力都很大，斯坦。”玛丽大着胆子轻声提示。斯坦瞪大了眼睛看着她：“这不是废话吗？”

玛丽觉得斯坦的目光已经稍微软化了一点。她站起身来走到过道上，注意到有几个员工三三两两地聚在工位上窃窃私语。当她回到自己的办公桌前时，西北地区的总监珍妮弗已经在那里等着她了。

“刚才这都是什么乱七八糟的啊？”珍妮弗问玛丽，“我只说了一句现在大家士气有些低落，这是人人都看得见的。斯坦为什么就受不了了呢？难道他不明白大家都在如履薄冰，等着新的 CEO 走马上任吗？”

“是的，他这么做有害无益，”玛丽试图缓和一下气氛，“但是斯坦有挫折感其实情有可原。他现在压力太大了。他已经在竭尽全力地去做他需要做的事情了，却被两面夹击，上面和下面都给了他太多的压力，让他腹背受敌、不得喘息。如果你仔细想想，就不难明白为什么他会暴跳如雷了。”

“好吧，但是其实现在大家都是这种感觉啊，”珍妮弗反唇相讥，“他其实应该像个管理人员那样去处理这些事情，而不是像个 5 岁小孩一样一惊一乍的。”然后，她靠近玛丽，非常严肃地小声跟她说：“最近这里很多有能力的人都被解雇了，不为别的，就为了给那个新来的 CEO 的死党们腾地方。这个公司已经摇摇欲坠了。我算是受够了。”

寻找你的影子—

若你具有本章所描述的注意缺陷特质类型，则倾向于认同以下特点：

- 我对别人的麻烦大包大揽，就像是自己的麻烦一样。
- 每当我看到同事有麻烦，就觉得自己不得不出手相助。
- 我从小到大一直都帮助别人。
- 在工作中如果看见别人有麻烦却不全力帮忙是有问题的。
- 我总是心太软。
- 我特别容易掉到别人的麻烦里面。
- 大家都劝我应该更自私一点。
- 我不理解为什么在有事要做的时候，居然有人会说“不”。
- 我讨厌“好人总是受欺负”这句话。
- 内疚感对我来说是个很麻烦的问题。

然后珍妮弗交给玛丽一个信封。“我已经找到另外一份工作了。我正式递交辞呈，两周后离开。”

在20世纪90年代玛丽刚来到这个公司工作的时候，她感觉非常开心。刚刚从商学院毕业不久就找到了这样一个职位，她学得很快。那个时候的她雄心勃勃、充满好奇，而且工作非常勤奋努力。玛丽的直觉非常准确，刚入职时她只不过是个市场经理，但是很快就平步青云，一路坐上了公关咨询总负责人的位置。她的下属都精明能干、敬业努力，大家相互尊重、通力合作，待遇也自然不菲。

但是好景不长，在“9·11”恐怖袭击事件之后，紧随而来的是经济滑坡，然后就是网络技术公司的兴起，于是事情就开始逐渐崩溃了。大型零售商开始逐一关门倒闭，年度奖金越来越少，公司的现金流逐渐枯竭。CEO、财务部门和人力资源一起减少对市场的投入，从各个方面下手紧缩开支，从差旅费到行政助理，一直到复印纸。玛丽发现她和公司里的其他员工一样，必须更加努力地工作，花更多的时间，但是得到的支持越来越少。

当自己所在的公司被一个更大的竞争对手收购的消息传开时，陷阱重重的合并和收购过程也就逐渐展开了。公司里出现了一大堆咨询公司的合伙人和经理。人们开始三缄其口、保持沉默，只有关上门才愿意说话。各种派系开始出现，山头林立，谣言四起，办公室政治达到了前所未有的程度。大家所尊敬的CEO汉克被解雇，公司正在遵循主导合并的咨询公司的意见，挑选一个新的CEO。

在等待新老板到来的过程中，谣言越来越多。新老板会不会一上来就进行人员清洗？于是，大家的士气就越来越低落。虽然每个员工因为怕被挑错，不敢迟到早退，但是他们逐渐对自己的工作失去了兴趣，开始混日子。他们无精打采地坐在自己的办公桌前，无法专心工作。虽然人还在公司里，但心早就溜走了。每隔几个小时，就会有同事来敲玛丽办公室的门，不是想要分享一些新的谣言，就是想跟她哭诉。她总会招手示意让他们进来，从来没想过拒绝任何一个人。毕竟，她一直都是员工们的“知心大姐”，而且已经扮演这个角色很久很久了。

跟珍妮弗一样，玛丽也开始寻找其他做公关和通信的工作了，但是即便是那些距离很远的公司，给出的职位和薪资也都要比她当前的能力低很多。除此之外，她也觉得自己不能不工作：家里需要她的这份收入。玛丽的丈夫道格是个自由职业者，收入并不足以应付整个家庭的开支。而她的儿子则是一个长期的哮喘病患者，常常需要进出急诊室。他们都需要玛丽的工作所附带的医疗保险福利。

日复一日，玛丽回到家时越来越觉得自己精疲力竭，而且忧心忡忡。她和道格常常会起争执。“看看，你自己心烦意乱，也搞得大家都跟着你不开心。”道格会这么跟她说。“为什么你不干脆辞职了事呢？你可以在小一点的公司里找份工作。你可以做公共关系，或者，就算去当侍应生也行啊。干什么也比这副样子强啊！”这种丧气话肯定会让玛丽抓狂。“我一辈子都在当经理人，最擅长的就是这份工作了。我才不会辞职去端盘子呢。你怎么能说这种话呢？这就好比我跟你说‘你为什么不干脆去找个给别人剪草坪的工作呢’一样让人窝火。”

先人后己者和解毒高手的诅咒

通俗智慧、传统心理学和经济学定律都告诉我们，每个人的行动都是为了自己的利益。一旦剥下伪装，我们每个人实际上都会为了自己想要的东西而把别人推到一旁。从本质上而言，人性是自私的，或者至少某个部分是自私的。

不仅如此，我们现在生活的这个时代实际上鼓励我们去自私，甚至以此为荣。自恋文化大行其道，人们竭尽所能地表达自我。自恋主义者一开始只是克里斯托弗·拉希（Christopher Lasch）在 1979 年给现代生活起的一个讽刺性的绰号，但是今天已经成为司空见惯的事实。[1] 我们当前的时代精神，或者至少很大一部分，就是把自私当成一种高尚的品格。1987 年的著名影片《华尔街》（*Wall Street*）中，戈登·盖柯（Gordon Gekko）的金句“贪婪是好的”似乎在现在社会里比过去更为真实。

无论你身处何地，都会发现一些才华横溢的人正在为自己的利益而不遗余力：头脑发昏、自我膨胀的运动员或者摇滚歌星；给自己开出天价薪酬同时削减小时工健康保险的 CEO；自己口袋满满却不肯支付最低水平子女赡养费的演艺明星；通过欺骗普罗大众去购买他们实际上买不起也用不到的产品的企业家们。

然后，还有那些得寸进尺、永远停不下来的人，那些血液里完全没有任何同理心 DNA 的人。这些人对于他们要弄政治手腕或者背后捅刀子对他人所造成的伤害不仅毫无愧疚，而且往往不曾知晓。在部门或者团队中，这样的人会毒害整个组织。就像著名的记者、作家和社会评论家玛丽·布伦纳（Marie Brenner）曾经说过的：“自恋是我们这个时代的小儿麻痹症。”[2] 而我们却没有能够防治这种麻痹症的疫苗。

也许有人会说，即便是那些看上去最为利他的行为，在本质上也是从我们先天固有的自私之中衍生出来的。[3] 然而，最新的研究结果却不认同这种观点。看起来部分利他行为在某些物种的身上是与生俱来的。最为壮观的场景出现在蚂蚁身上，它们被哈佛大学的生物学家和自然学家爱德华·O. 威尔逊（Edward O. Wilson）① 称为“地球的另一群征服者”，而且它们的数量要比人类多上百万倍。

蚂蚁中的某些种类会例行公事地去完成那些让自己比其他蚂蚁更早死亡的任务。[4] 蚂蚁身上的利他倾向源自基因层面，无法改变。这里面没有任何自由意志的成分。虽然人类看上去有着某种程度的自由意志（当然极少数完全的决定论者认为我们实际上毫无半点自由意志可言），但最新的研究显示我们有时候会选择去对抗自己的自私欲望，比我们想象得要更接近蚂蚁的表现。

我们之中还是有很多人，尽管有能力来决定选择自私还是利他，但依然会舍己为人，率先满足他人的需求。2005 年，蕾切尔·巴赫纳 – 梅尔曼（Rachel Bachner-Melman）和其他人一起用一个问卷来评估人们“忽视自己的需求而为他人服务的倾向”。在收到来自 354 个家庭的回答之后，巴赫纳 – 梅尔曼得出结论：人类的利他主义基因结构部分源自某些能够忽视亲缘关系而直接激发利他行为的基因。[5] 换句话说，有些人的 DNA 里确实存在利他倾向。

为了让批评者们满意，我们也可以说，对于利他者而言，帮助他人本身就会带来快感。从神经递质的角度来说，在其中起作用的最主要的成分就是多巴胺。多巴胺的喷涌会给人带来快感。嗜毒成瘾的人之所以会上瘾，就是因为他们发现毒品能够带来这种多巴胺的大量分泌。先人后己者也可能因为完全一样的原因而利他，为别人做点事情能够提升自己的多巴胺水平。

今天，我们可以通过功能性核磁共振对大脑的愉悦中枢进行实时观察，从细胞层面对一个人感受到的快感程度进行精确评估。豪尔赫·莫尔（Jorge Moll）和

① 爱德华·O. 威尔逊有“社会生物学之父”之称，两度问鼎普利策奖，其代表作《人类存在的意义》《半个地球》《创造的本源》简体中文字版已由湛庐文化策划、浙江人民出版社出版。——编者注

他的同事们设计了一个非常有趣的实验，在被试做出关于慈善捐赠的决定时对他们进行大脑扫描。在某些情形里，被试会被问及他们是否愿意把实验里的钱留给自己。当然，他们都会接受这笔钱，并且核磁共振扫描确实记录到了他们大脑中的快感活动。但是紧接着他们又被告知自己需要把这些钱的 40% 捐赠给慈善机构。在扫描结果中可以看到，与把所有钱都留给自己的人相比，那些捐钱的人感受到了更多的快乐。[6]

再回来看看玛丽，她就是那种天生的先人后己者。因为有着与生俱来的利他倾向，玛丽能够真心实意且富于技巧地抚慰像斯坦这样身带“毒性”的人。“解毒高手”（toxic handler）是彼得·弗罗斯特（Peter Frost）和桑德拉·鲁宾逊（Sandra Robinson）在 1999 年造出来的新词，用来描述那些能够把充满毒性而且往往身居高位的人与其他人隔离缓冲开的人。[7]举几个例子：那些大牌歌星的代理人，能够把雇主的乖张暴虐吸收大半，不至于影响雇主的公众形象；那些超级体育明星在球队中的狐朋狗友，能够帮着他们在犯错的时候找到托词；还有那些才华横溢却傲慢无比的 CEO 手下忠诚的拥趸，能够日复一日地为他们冲锋陷阵和收拾残局；那些专横家庭里面忠诚的子孙，总能找到方法来原谅自己祖母那些离谱的言行和要求。

不论是在大家庭里还是在组织机构里，像玛丽这样的解毒高手都是最珍贵的救命稻草。虽然他们并不能阻止那些毒性人物的有害行为，但是能够防止流毒扩散开来。没有他们出手干预，团队的工作就算不被彻底毁掉也会大打折扣，不论这个团队是做什么的。

这些如此珍贵的解毒高手是怎样炼成的呢？我本想说是天使到人间，因为他们的所作所为太让我珍惜，但是这种解释并不反映事实。实际上，虽然他们做了很多杰出的事情，但是自己有可能正承受着极大的痛苦，有时候还会连累自己的亲人。

解毒高手在拯救他人的时候，往往也在跟自身的一些独特问题做斗争。用心理学术语来说，解毒高手们是过度依赖的（codependent），或者可以被称为“斯德哥尔摩综合征”的受害者。我自己并不喜欢使用这些词语，因为它们都是贬义的字眼，没有表达出其中的积极意义，但是这种过度依赖性或者斯德哥尔摩综合征确实比较符合玛丽的情况。玛丽的情况可以被定义为“代人受过依赖”（vicarious codependent），也就是说她是为了那些自己要帮助的人活着的。她在帮助他人登上舞台的过程中很快乐，但是自己永远躲在幕后。在我的经验里，女性比男性更有这么做的倾向。也许是因为人际互动的方式有差异，很多女性都觉得待在舞台中央有些害怕，所以更喜欢用自己的聪明才智帮助他人上位，自己去做幕后英雄。

确实，可能男性会更加重视自己所取得的个人成就，而不是帮助他人获得成功。谁又有资格说哪一个更好呢？自己成为明星，还是把他人变成明星？传统男性视角的、心理分析的心理学通常会把不愿处于舞台中央而选择待在幕后看成是软弱、内疚、恐惧或者其他神经质的特质，而把在舞台上大放异彩看成是坚强、自信、勇敢或健康的特质。但是这样的传统心理学，或者应该称之为明日黄花的过气心理学，总是把人道、慷慨和渴望保护培育他人的良好特质病理化，而且贬低对于联结的渴望，同时抬高对于成就的渴望。我认为必须承认两者都有可能带来健康，也都有可能会出现问题。

举例而言，谦卑的培育型特质有可能变成那种被称作“依赖性”的情况，在极端情况下就会变成斯德哥尔摩综合征。斯德哥尔摩综合征是一种比较奇怪和反直觉的现象，就是被绑架者对于罪犯的情感从最初的敌意到之后的变化。受害者本应该对罪犯恨之入骨，后来却开始对他们产生了仰慕之情并且乐意与他们相处。这个综合征的命名源于 1973 年发生在瑞典斯德哥尔摩的一起银行抢劫案，当时几个员工被作为人质扣押了 6 天之久。让所有人大跌眼镜的是，被劫持的人质跟绑匪之间建立了如此强的情感纽带，以至于他们拒绝了外界的帮助。当整件事情结束之后，人质们甚至为绑匪做了辩护。

在那个银行地窖里发生的事情其实跟人性一样古老，而且在这起斯德哥尔摩事件之前几十年就已经有了一个名字。西格蒙德·弗洛伊德（Sigmund Freud）的女儿安娜·弗洛伊德（Anna Freud）在她1936年的经典著作《自我与防御机制》（*The Ego and the Mechanisms of Defense*）里描述了被她称为“防御机制”的过程，这是一种心理上自我保护的形式，也是在创伤情境中，孤注一掷的受害者有时候会在无意识中采取的手段。

安娜对儿童进行了心理分析，认为通过被她称作“对侵害者进行身份认同”的方式，儿童可以保护自己不受无助感和脆弱感的侵袭。[8] 受虐儿童会认同对自己构成威胁的人，并且试图与对方建立亲近关系。通过这种发生在潜意识中的令人难以想象、极度反直觉的逆转，敌意奇迹般地变成了对于亲密的渴望。

安娜说：“通过模拟侵害者、采取对方的姿态或者模仿对方的侵害，儿童会把自己从被威胁者转变为威胁者。”[9] 她所描述的是在观察儿童的超我（superego）发展过程中所看到的现象，但是成年人也有可能使用完全一样的防御机制，也就是“对侵害者的身份认同”的机制。在更宽泛的形式上，安娜的研究以及自此之后的精神分析，都将这种防御机制称作“反向形成”。通过运用反向形成，人们会刻意去支持自己的对手，从而在无意识中保护自己不受到某些无法承受的感受的侵扰。

在英语文本中，最为知名的例子是《哈姆雷特》第三幕中王后格特鲁德的台词：“我觉得，那个女人申辩得太多了。”在那一幕剧中剧里面，哈姆雷特处心积虑地想要激发国王的良心。虚构的王后做出保证，如果丈夫去世，自己将永不再嫁。她的誓言出卖了格特鲁德，揭示了她内心截然相反的愿望，因为她已经这么做了。

我们能够看到反向形成被使用的种种状况：自身没有宗教信仰反而用最犀利的言辞攻击不相信宗教的人的人；痛恨一个人但却自称对之青眼有加的人；妒火中烧却大声疾呼嫉妒心罪大恶极的人；极度渴望发财却对富人痛恨得咬牙切齿的人；欲火难挨却大声斥责酒池肉林生活方式的人；雄心勃勃、不可一世却又自称无欲则刚、知足常乐的人；怒气勃发却装作内心平静如水的人。

虚伪矫饰和反向形成之间的区别在于无意识所起到的作用。伪君子们明白自己在撒谎，而使用反向形成机制的人在意识层面真的相信自己是善良的人，虽然他们的潜意识里充满阴暗。

全家的守护者

玛丽这种类型的注意缺陷特质在温和善良的人中最为常见，尤其是那些忙着帮助别人甚至忘了自己的人。现代社会生活中的所有资讯都可以即刻得到，因而发现别人有困难并且及时出手相帮是很容易的事。

除了自己的 DNA 之外，玛丽作为解毒高手的高超技巧源自她的原生家庭。她的母亲弗兰纳里是一位害羞而虔诚的天主教徒和小提琴家。20 世纪早期，在波士顿交响乐团的夏季基地坦格尔伍德，弗兰纳里跟一个名叫戴文的前途无量的年轻指挥家相遇，并且迅速爱上了他。

当戴文开始注意到弗兰纳里的时候，她觉得自己简直像到了天堂。坦格尔伍德的评论家们都说戴文将会是“下一个兰尼”，这是大家为万人崇拜的伦纳德·伯恩斯坦（Leonard Bernstein）保留的昵称。那个夏天，戴文的光辉无与伦比，弗兰纳里完全沉浸在他的光芒、爱抚和热吻当中。戴文轻而易举地俘获了她的芳心。

他们结婚之后四年内就生了三个孩子。弗兰纳里放弃了自己作为音乐家的事业，专心致志地留在家里照顾孩子们，让戴文能够心无旁骛、自由自在地腾飞，在应接不暇的演出邀请中继续光芒四射。就像那些最为自恋的人一样，戴文只要感到哪怕一点点的不悦、被贬低、被忽视或者不被服从，就会暴跳如雷、怒不可遏。他经常怒气冲冲地回到家里发火。哪怕只是一场音乐会里的一个小小的纰漏，如长笛手错过了一个音符，或者哪怕只是两个儿子中的一个把小玩具丢在了门廊上——任何事情都会让他勃然大怒。每次他发怒，一开始的破口大骂很快就过渡到拳打脚踢或者乱扔东西。

那时候没有任何人敢去做任何事情，直到玛丽长大到能够做些什么的年纪，也就是4岁。作为最年长的大姐姐，玛丽学会了保护弟弟们和母亲。她学到的第一件事情就是敏锐地理解父亲的行为模式。她有着惊人的直觉，知道什么事情会让父亲发火。不论是扬起的眉毛、喝干了的酒杯、某种特定音高的清嗓子的声音，还是左手无名指的一个抽搐，也许是一个极为细微的说话音量的降低，或者在说“你刚才说什么”这句话的时候的一个微小的语气变化，甚至是在问“你今天过得怎么样”的时候——这里面的任何一件事都有可能是暴风雨的前奏，而玛丽学会了解读这些信号。

玛丽不只是学会了对这些线索烂熟于心，极具天赋的她还掌握了缓和父亲暴怒的方法。她知道父亲喜欢被孩子们拦腰拥抱，但是不喜欢手拉手。她发现如果自己在客厅的地毯上做个侧手翻，父亲就会慢慢冷静下来，但是如果自己弹钢琴的时候错了一个音符，那就是惹下了天大的祸。她还了解到父亲喜欢听她说“我爱你”，但是讨厌她提出问题或者要求他做某件事。随着玛丽一点点长大，妈妈让她发誓不要对任何人提及自己父亲应接不暇的风流韵事。

在5岁的时候，玛丽还学会了给父亲当调酒师。当戴文让玛丽给自己来杯饮料的时候，她会跑到冰箱里去拿冰块，放进正确的水晶杯里面，在冰上倒上威士忌，然后放进适量的苏打水。6岁的时候，她就知道怎么制作一杯正宗的马提尼了，“竖起来，摇一摇”。没几个6岁的小孩知道怎么从柠檬皮上削下来又细又长的一片，然后沿着酒杯绕成一圈，再拧一下把里面的汁液挤出来。但是这并非全部，玛丽还掌握了更超凡脱俗的技巧。她知道怎么在饮料里做手脚来控制酒精含量，以达到她所期望的效果，也就是让父亲喝到刚刚可以醉倒而不会发酒疯和施加暴力的程度。

即便你直接去问玛丽，她也不会告诉你自己是怎么学会这些东西的，但是只要父亲在家，她就会去这么做，日复一日，年复一年。她的这种高超技巧从来没有被任何人提起过。弗兰纳里和弟弟们都害怕如果说出来，玛丽的小把戏就会被拆穿，后果则不堪设想。于是，他们装作对玛丽的"魔法"视而不见。弗兰纳里认为玛丽是上帝对他们家的恩赐，来帮助他们应对戴文身上的邪恶。因此，弗兰纳里在每天的祈祷中都暗暗对上帝和女儿表达感激。当玛丽离开家去上大学的时候，全家蒙上了一层恐怖的阴影，每个人都胆战心惊。但是这时候命运之神出手了。一次严重的心梗发作让戴文从此瘫痪在了轮椅上。现在，他再也不能指挥乐园了，也同样没法打人了。

解毒的代价

自恋且凶恶的父亲让玛丽的心灵伤痕累累，也造就了她慷慨大度的性格和抚慰他人的高超能力。年复一年，玛丽一直在反复运用自己独特的处世艺术，并使它渐渐成为一种非常罕见且有价值的能力，一种可以在面对他人的时候使用的技能，而不仅仅在家里应对父亲。对玛丽来说，跟其他难搞的人打交道要比跟父亲打交道容易得多。她对斯坦的处理只是众多成功案例中的一个而已。

但是这种成功也伴随着高昂的代价。玛丽太过于关注斯坦或者其他同事的要求和情绪，却忽视了自己的需求，但是她意识不到这一点。同时，她也迷失了方向，无法做好自己的工作，更别说照顾自己的家庭了。

玛丽觉得心情越来越压抑、身心越来越疲惫。虽然她仍然坚持去健身房，但是觉得自己的身体越来越差。她的颈椎和肩膀长期不适，睡眠质量也越来越差。医生给她开了百忧解的处方，并且介绍了一位治疗师。药物让玛丽脆弱的情绪有了略微的改善，但是也让她觉得自己不再像以前那么警觉灵敏了。另外，玛丽一次也没去找过治疗师，但是她的精神科医师依然继续给她开药，督促她坚持按时服药，并且告诉她药物是安全且有效的。

至少，医生让玛丽感到些许安心，“至少这是某种帮助”。不幸的是，她需要的帮助实际上比这要多得多。

今天的世界里充满着各种冲突和自恋，像玛丽这样的先人后己者往往倾向于去吸收和去除这些流毒。但是，他们并没有意识到这么做给自己和他人造成的风险有多大。就像我之前所提到的，虽然跟男性相比，女性更容易落入这种对自己造成伤害的自我牺牲的陷阱中，但是两个性别中那些善良和慷慨的人在生活中都有可能发生这种情况。表 5-1 对比了先人后己者的优势和问题。

表 5-1　　先人后己者的优势和问题

优势	问题
敏感，能够觉察到他人看不见的情绪冲突	容易受伤，有时候会感受到对方无意的或者过于微小的情绪线索
不愿意冒犯或者伤害他人，哪怕是非常细微的程度	无法坦率或者直言相告
渴望帮助别人解决冲突	难以坚持面对冲突所造成的压力，直到问题完全解决
善于把情景转化成为积极的或者至少不那么消极的气氛	有时候容易过于乐观
无偏见，善于看到细微变化	在关键时刻难以对人做出判断
赢得大多数人的信任和感激	即便理所当然，也很难接受任何表扬、金钱或者其他任何奖励
无须请求就主动伸手帮助他人，毫不犹豫	很难愿意接受他人的帮助
在大多数组织里升迁很快	每次升迁都会带来内疚，也就是一种“不应该得到”的感受，甚至在完全应得的情况下也是如此
给组织带来成功，把光环和荣誉留给他人	在被表扬或者庆祝的时候感到极度痛苦或者难堪

先人后己的应对方法

人群中其实有很大比例的人跟玛丽一样在利他行为中迷失了自己，他们对于他人的敏感是与生俱来、无可阻挡的。但我们每天看得更多的是那些完全与之相反的人，他们才华出众、极度自恋，把他人的损失当作垫脚石来构建自己的高楼大厦。因此，就算我们偶尔遇到玛丽这样的人，也大多是当作有人情味的故事听听就算了，或者更有甚者，关注的是他们病理性的反面，不是过度依赖，就是为他人作嫁衣裳。

在这一章里我已经扩展了讨论的框架，并且展示了玛丽这类人的优势和能力，但是他们经常让自己被别人占便宜。因此，解毒高手们也需要一个帮手。玛丽需要咨询师的帮助，不仅仅是因为她的婚姻濒临破裂，还因为她的事业摇摇欲坠、身体每况愈下，而且越来越不开心。她需要一些比百忧解更能解决实际问题的东西，需要理解自己身上那种不可思议的解读他人和让他人开心的能力所带来的好处，以及坏处。

似是而非的恰恰是，那些在玛丽童年让她获益匪浅的能力和做法，在她成年之后反而对她造成了伤害。我们经常看到这样的情况：人们成年阶段的自毁行为往往来自那些让他们在童年时得以脱险的行为。不仅仅是玛丽，想想那些退缩到自己幻想的世界里聊以自慰的孩子，或者那些学了太多如何讨好他人来避免伤害的孩子，再想想这些策略到了成年阶段又对他们的生活造成了怎样的伤害。

为了帮助玛丽学会如何更加关注自身而不是牺牲自己去保全团队或者组织，我不得不帮她解除一个精心制作的“定时炸弹”。在童年时期，玛丽不允许去感受自己真实的愤怒。那时候对她而言，对父亲生气是件非常危险的事，因为她坚信如果自己真的感到愤怒，不仅自己，甚至全家都会遭受灭顶之灾。于是她发展出来一套习惯，就是按照自己最深层、最真实的感受完全相反的方式来行动。

这个工作花了我们不少时间。对于玛丽的情况，或者说我提到的5种情形里的任何一种，都没有快速便捷的解决办法。当今的我们生活在一个快餐式的精神病学时代，我们处理精神健康问题的态度跟快餐店处理食物的态度如出一辙。人们对于长期的心理治疗越来越没有耐心，或者说对于任何长期的事情都没有耐心，并且总是嘲笑心理治疗是“伍迪·艾伦治疗”：毫无效果，永不休止，不痛不痒。因此，我们转向了现在最流行的处置方法——药物治疗。吃药立竿见影，没有痛苦，价格相对低廉，方便省事，而且很多时候确实有帮助。就像我之前提到的，我自己也经常给客户开处方。但是，药物很明显不能解决所有的问题。

恢复对于心理治疗的尊重会对我们的工作大有裨益，心理治疗有充分的时间让一个人改变自己非适应性的行为模式。如果用一个现在大家都觉得老气横秋的过时字眼，那就是“慢慢把问题解决”（work things through）。在童年时，玛丽以及全家能否生存下去都取决于她是否能够下意识地有效控制自己的愤怒，而现在最重要的就是先要建立起我跟她之间信任和安全的关系，然后才可以慢慢触及她的愤怒。然而，在我们到达这种安全和信任的关系之前，或者说在我们走向这个关系的过程中，我已经开始教给她一些在关照他人的同时也去关照自己的方法。最重要的是，我让她明白了在成人的世界里，让别人自己去照顾自己是安全的，她不用再替别人去做这一切了。

但是，所有这些都需要花费时间。就跟这本书中的其他人一样，在我们最初相见的时候，玛丽感到非常绝望。实际上这并不是一件坏事。每当我们觉得最迷失、最濒临崩溃、最脆弱不堪一击的时候，恰恰就是我们最有可能突破自我、做到之前不能做到的事情的时候。当然，这需要得到恰当的帮助，并且也需要一些运气和福分。就像美国“心理学之父”威廉·詹姆斯（William James）在几百年之前注意到的那样：

> 无论在生理层面、智力层面，还是道德层面上，大多数人所过的生活实际上比他们有潜力达到的境界都相去甚远。他们只运用了自己可能意识到的非常小的一部分，而这跟他们精神中所普遍蕴含着的巨大能量相比较，就好比是一个头脑肢体健全的健康人只肯去动一下自己的小指头而已。只有在紧急情况或者巨大危机之下，我们才能发现自己的资源其实如此丰富，本应取得的成就其实如此之多。[10]

危机的一个积极后果就是，它迫使一个人去更深地挖掘自己身上的资源。每当危机来临，我们就可能会警醒、战栗和改变。当然，这种情况下我们也有可能会毁掉自己的人生。危机到底让我们浴火重生还是万劫不复，取决于我们每个人如何去应对，不仅要看当前处境的事实，更多的是要考虑面对危机所造成的强大的情绪波澜。换句话说，那些能够忍受巨大情绪冲击，而不是抱头鼠窜或者盲目攻击自己假想敌的人，往往能够更冷静地运用自己的智慧去面对事实。

忍受情绪冲击的关键就是得到他人的支持，永远不要一个人独自担忧。独自担忧，尤其是在身处危机时的独自担忧，会导致灾难性的后果。但是，如果在担忧的时候身边有伙伴，危机反而能让你振奋并且让问题水落石出。强烈的情绪可能是个炸弹，让人支离破碎，但是如果应对合理，它也能成为手术刀，用前所未有的方式打开我们的内心世界，用手术治疗我们的问题。

80 多年前，何塞·奥尔特加·伊·加塞特写道：

> 看看你身边的那些人，你会发现他们都对自己的人生患得患失，就像梦游者一般在自己的好梦或者噩梦里游荡，对自己的处境没有哪怕一点点的怀疑……人生从一开始就是混沌一片，让人在里面迷惑不已。有些人对此心存疑虑，但是发现自己面对的现实是如此令人恐惧，于是只好自欺欺人，用一个清晰美好的幻象作为幕布来掩盖真相。“念头”本身的虚假并不令人困扰，他们用这些“念头”作为保护自己存在的壕沟或者能够吓跑事实的稻草人。

> 而那些头脑清醒的人则敢把自己从这些幻想的“念头”里解放出来，直面人生，于是他们意识到了步步荆棘丛生，感受到了自己的迷失。这是个再简单不过的事实——活着，就意味着感到失落。敢于面对这一切的人，会发现自己已经开始找到了自己，双脚触到了坚实的地面。出于本能，就像那些身处沉船之中的人们那样，他们开始四处搜寻可以抓住的东西，而恰恰就是这种悲惨而冷漠的目光，因为关乎自己的救赎而显得格外真实，让他们开始给自己那原本混沌不堪的人生带来一丝丝的秩序。只有这种落入深渊的想法才是全然真诚的，其他的都只是虚伪掩饰、故作姿态或者滑稽闹剧。[11]

在危机来临的时候，我们会发现自己落入了深渊。我们逼不得已冲开迷雾，看到自己真正需要的东西。玛丽经历了这个过程。

对于玛丽以及其他我所帮助的与她处境类似的人而言，最大的改变动力源自我们之间所发展出来的爱。“爱”这个字眼在今天已经充满了危险，有的情况下确实事出有因。但是，无论如何，对于我们的人生而言，爱都是最强有力的工具。客户和治疗师之间的爱是非常独特的。两个人只在办公室里见面，不仅定时定点，而且所做的事情只有交谈。除此之外，这种见面的焦点只会放在客户一个人身上。虽然治疗师会把自己的人格特质带入治疗过程中，但是他的生活细节跟整个治疗过程毫无干系，也不应该有干系。

在治疗过程进行顺利的时候，双方之间会逐渐发展出来一种深入而持久的尊重和关爱，并且两个人都觉得对方会给自己注入成长的能量。我们可以将之称作“爱”。这是一种在其他任何生活场景中都不会出现的特殊的爱，也许与此最为接近的爱，就是那种爱上某位作曲家的作品、某位艺术家的画作或者某位作家的小说的感觉。这种爱需要一定的时间才能发展到可以引发变化的程度。这个过程中有轻松闲聊，也有对重大事件和人生的严肃探讨。我依然没能搞清楚整个过程的真面目，但是经常看到这一切的发生，不论是作为咨询师还是客户，我都有着深切的体验，这一切对我而言无比真实。

在做治疗师的时候，我并不会单方面轻率地使用这种力量，我的客户也不会。在每周的见面过程中，以及每次的治疗会谈里，我们会一起循序渐进地运用这种力量。除了建立起关爱的关系之外，我不知道还有什么其他的方法能够让玛丽这样的人感到自由和积极的自我感受。当然你也未必非要跟治疗师建立这种关系，但是这个过程必须节制有度。大多数热心助人的人并没有玛丽那样特殊的童年经历，因此也就不用进行如此深入的治疗过程。

与之前的案例一样，我用基本框架来呈现一下玛丽给自己带来的危险：

1．能量。关照他人会让自己耗尽心力。

2．情绪。当我们替他人承担麻烦和消极情绪的时候，会出现一种奇怪的心理交换过程。这种过程被称作“投射认同”（projective identification），这个神秘的术语指的是，当你作为解毒者帮助他人的时候，你自己身上同样也会装满这些毒素。你就像个洗衣工，把脏衣服收到自己手里，然后把洗干净的东西交还给对方。所有这一切都会让你很容易掉进不稳定的情绪状态里面。

3．投入。过于关心他人的事物会让你无暇自顾，不能投入自己的工作中。

4．结构。如果你太关心其他人的事情，就会忽视那些让你关心自己的事情和框架。

5．控制。如果你不理解这个过程并且人为地对其进行控制，这种条件反射式的帮助他人的行为就会掌控你的生活。

解决方法 10个建议帮助你照顾自己，而不是只关照别人

1. 在开始关照他人之前，及时识别你自己的直觉，也就是条件反射、潜意识、情绪、初始反应等。意识到自己的惯常模式是让组织里的所有人都开心之后，你才会去照顾自己。

2. 意识到你的这种行为模式其实有很多让人钦慕的地方，而且对于组织而言非常有价值，前提是你把这种能力同关照自己的能力放在一起来运用。

3. 理解到关照自己跟自私自利完全不是一回事。航空公司的人总是强调，在帮助他人戴上氧气面罩之前，需要先给自己戴好面罩。他们之所以提醒这一点，就是因为有很多像玛丽这样的人倾向于先关照他人。

4. 三思而后行。你必须真正意识到关照自己对整个组织都是有好处的。很多人，尤其是女性，往往会反其道而行之，跟着感觉走。可以找人仔细讨论一下，直到你明白要想让自己对他人有用，就首先需要关照好自己。

5. 在每天的日程里为自己保留一些时间。例如，抽出一段不受打扰的时间来专门处理麻烦的问题；规划出体育锻炼或者瑜伽练习的时间；留出时间保证足够的睡眠；保证有时间去做冥想、祈祷，或者其他反思内省的练习；同时留出时间做爱。

6. 学会说“请让我先考虑一下”，而不是不假思索地同意。如果能把自己的自动反应变成“请让我先考虑一下”，你就能给自己留出做决定的时间，来判断是接受任务还是礼貌拒绝。

7. 当跟你一起工作的人状态不佳、处于痛苦之中的时候，考量一下自己是不是提供帮助的最佳人选。一旦你卷进去，就很难抽身而退了。因此，只有在下面的情形下你才应该考虑参与进去，一是这个过程可能很漫长，而你确实有足够的时间；二是你确实有足够的能力和资质提供对方最需要的帮助；三是你有足够的能量和情绪储备来提供对方所需要的帮助。

8. 学会寻求他人的帮助。多数“救火队长”都被大家视为“万事不求人”类型的人，也就是说他们善于助人，却非常不喜欢接受别人的帮助。当你寻

求帮助的时候，对方其实会感到很开心。其实就像你自己最为熟悉的那样，能够帮助他人对人们来说是挺愉快的一件事。

9. 有一点需要牢记在心，如果你没有足够的时间或者能力来提供帮助，总还会有其他人能够伸出援手。而且你的投入越少，其他人就越有机会填补你留下的空间。

10. 最后一点就是，看到自己的努力，为自己感到自豪。永远都会有各种麻烦出现，而急他人所急的人永远是最受欢迎的。这个世界因为你的存在而更美好。只不过你必须学会稍微退后几步，让自己能够喘息存活下来。

06

眼高手低

如何在工作中不再力不从心

DRIVEN TO DISTRACTION AT WORK

“我恨自己！”莎伦对着墙大吼。她刚刚意识到自己错过了一小时之前的一个电话会议，现在正坐在座位上发呆。她本以为这个电话会议在明天进行，直到突然在记事本上看到日期是今天，然后就已经措手不及了。

现在莎伦心乱如麻。为什么我不一到办公室就查看一下时间表呢？为什么我每天都想要这么做，但又每天都做不到呢？为什么我明知道自己应该做什么，但就是不去做那些该做的事情呢？我是不是很害怕失败？我是不是在内心深处其实想要毁了自己的生活？我是不是成心想让自己失败来讨好母亲，或者对自己的成就有可能超过她而感到害怕？为什么我接受了这么多乱七八糟的所谓治疗，却一点用处都没有？我还有任何希望吗？我总是一次又一次地重复这种行为模式，是不是厄运缠身无法解脱了？为什么不干脆来个人一枪把我崩了算了？

埃弗里是莎伦在杂志社的一个同事，也是她的朋友。走过莎伦办公室的时候，埃弗里看到了她狼狈不堪的样子，于是问她：“姐们儿，你怎么啦？”

莎伦长长地叹了一口气，说：“别提了，我真的是个失败者。我刚刚错过了跟托尼他们部门的电话会议，他们肯定不会善罢甘休的。本来这是一个我改变局面的大好机会，能让我重振雄风呢。看来过去的我是一去不复返了。”

“莎伦，你真的是这个杂志社最有才华的人了。如果我能有你一半的能力，就乐翻天了！”

“咱们是死党，埃弗里，但是你知不知道我现在有多害怕听见别人说我有潜力？如果我实际做不到，有潜力又有什么用呢？我宁愿自己跟电线杆子一样傻，这样就不会有那么多期待和压力了，反正我死活也做不到。”

“这样吧，”埃弗里回答她，“我现在手头上还有几件事情要立刻处理，但是5点钟我会准时过来找你。然后咱们到街对面的酒吧，好好喝上几杯酒。不见不散。”

“好啊，今天总算有些事让我有盼头了。”

跟前面的5个案例都不太一样，莎伦的情况并非注意缺陷特质，而是一种真正的注意缺陷多动障碍，也就是“多动症”。我把这个案例也放进这本书，是因为成年人中注意缺陷多动障碍的比例其实大大超乎大家的想象，在美国至少有500万人受此困扰，而其中80%的人并没有被诊断出来。给成年人治疗注意缺陷多动障碍可能会戏剧性地改善一个人的生活。

莎伦今年39岁了，在一家声誉卓著的女性杂志工作了很多年，现在已经坐到了高级编辑的位置。她在公司里面逐步升迁，但总是功亏一篑，没能做到最高层。这是因为她长期以来一直在规划优先级和善始善终完成任务方面有着严重的问题。实际上，如果不是因为她才华出众、天资太好的话，早就被扫地出门了。

寻找你的影子一

若你患有注意缺陷多动障碍，
则倾向于认同以下特点：

- 对我来说，做计划是难上加难的事情。
- 大家都知道我最拖沓。
- 我喜欢危机，因为危急时刻最能够让我全神贯注。
- 我擅长想象，但是拙于实干。
- 我宁可去牙医那里做牙根管治疗，也不愿意去开会。
- 因为没法运用自己的天赋，我觉得非常恼火。
- 我很冲动。
- 我很难做到守时。
- 当别人的脑筋跟不上我步调的时候，我会暴躁易怒。
- 我做事全力以赴，甚至会走极端。

莎伦的内心有个声音一直在持续不断地狠狠鞭策着她，让她为自己的眼高手低痛苦不已。这对她而言非常痛苦，但是也确实能够让人理解。她把最严苛的谴责都留给了自己，不断用各种狠毒的字眼来攻击自己：失败者、懒虫、蠢货、没头脑、骗子、衰人、忽悠、白痴、有病、弱爆了……虽然这些责难并非事实，而且她的理性部分明白这些评价都是无稽之谈，但是出于某些怪异的原因，她觉得对自己大加鞭挞也比不知道自己为什么天赋多多却一事无成要强得多。

作家拜伦·凯蒂（Byron Katie）在思考我们是如何自我禁锢以至于彷徨不前的时候，建议大家问自己一个振聋发聩的问题——如果没有那些想法，你会成为怎样的一个人？但是莎伦无法想象如果没有这些想法，她的人生将会如何。对她而言，这些想法就是自己的不堪、无能或者失败。她对自己做出了一个道德评判，并且对此深信不疑。莎伦觉得如果没有自我谴责，生活会更加无以为继。她不能让这些想法从头脑里消失，因为如果没有这些想法，她就找不到其他的解释了。就好比这些谴责为她提供了一副骨架，让她的其他部分有了一个可以依赖的基础。

现在，就像埃弗里所看到的那样，莎伦又掉进了自己的陷坑里面。她时不时地就会被某件事情狠狠地打击一下。高中和大学时代的同学们曾经对她如此仰慕，期待她一鸣惊人成为举足轻重的作家，然而她却为了维持生计放弃了伟大的梦想，委屈自己当了个编辑。

在这个陷坑里面，莎伦发现自己很难聚焦于该做的事情。焦虑和内疚持续不断地煎熬着她的内心，让她的身体和精神也痛苦万分。尽管如此，她依然韧性十足、百折不挠。莎伦就像一只被人攻击的小狗，知道怎么以牙还牙保全自己。生命不息，战斗不止。这是她自儿时到今天始终秉持的最主要的应对方式。她的内心有一种无法用语言来形容的强烈风暴，让她意志坚定，决不放弃。因此，即便是深陷泥潭，她依然保持着战斗状态。

“骨头冷到零度”

莎伦是个早产儿，比预产期提前了 12 周出生，因此从来到这个世界的第一天开始，她就在努力奋斗着。父亲道格拉斯对莎伦宠爱有加，但是母亲伊莱恩把她视为竞争对手。莎伦从母亲和三个哥哥身上学到了一件事，就是为了能够生存下去，她必须坚持斗争。“因为你有一头红色的头发，”道格拉斯跟她说，“所以才始终斗志昂扬。”

道格拉斯一直都想要个女儿，但伊莱恩始终都不想要女儿，因为她自己就有一个冷漠苛刻的母亲，对女儿一直要求很严格。随着时间的流逝，伊莱恩对儿子们的爱与日俱增，却始终觉得女儿只会把自己最坏的一面激发出来，就像她激发出了自己母亲最坏的一面那样。

这种背景造就了今天的莎伦。在她还是个婴儿的时候，伊莱恩就跟她争夺道格拉斯的注意力。每当道格拉斯宠爱莎伦的时候，伊莱恩不是大发雷霆就是生闷气，有时候两样同时发作。幸运的是，尽管面临这样的挑战，道格拉斯并没有与女儿分开，他跟莎伦依然享受着天伦之乐。但是伊莱恩总是在暗中找机会贬损莎伦，来削弱这种关系。对伊莱恩而言，最可怕的梦魇就是女儿取得成就或者拥有那种自己梦寐以求但从未得到过的快乐童年。

不论是不是像爸爸说的那样因为自己的一头红发，还是因为自己身上有着好斗的基因，莎伦总是需要斗志昂扬地防御来自母亲的攻击，但是从来没有机会学习正确的做法。她的父母对 4 个孩子都有着很高的期望，但是跟莎伦对自己的要求相比，就是小巫见大巫了。莎伦逼着自己事事都必须取得成功、每件事都要做得超凡脱俗，不论是什么项目或者任务，都必须拔得头筹。

学业成绩优异并不是那么轻而易举的事情。莎伦需要天天与母亲的压制和批评做斗争，因此她的注意力总是不能集中。老师点到她名字的时候，她往往在看着窗外发呆；老师的问题答不上来，又会让她感到脸面尽失。但是，她永不言败，越战越勇。从别人那里借笔记、私下找人帮助自己、别人出去玩的时候自己依然在用功，她扎扎实实地一步步走向成功。莎伦的成绩单完美无缺，铺满了“A”。如果有哪个老师给了她一个“B”，那简直是自讨苦吃。莎伦会天天对这个老师紧追不舍，不是去争论或者吵架，而是去要求补课，每天都是如此。

在体育方面，莎伦也同样任性而成功。她参加了田径队，发现自己天生是跑步的好手。冬天的时候，她还能去游泳池里一展风采。她还想参加跳水队，只不过时间实在安排不开，于是选择保留了游泳，而这只是为了证明她的坚强足以应付长距离游泳的艰苦训练。在训练过程中，痛苦达到某种程度之后，就会转化成为快感。莎伦因为这一切而感谢自己的母亲：恰恰是在跟母亲做斗争的过程中，她才获得了这种超强的能力，让她在体育和学业两方面都出类拔萃。

然后，在高一的时候，英语老师埃利奥特先生改变了莎伦的人生。从埃米莉·狄金森（Emily Dickinson）开始，他把莎伦带进了文学的世界。莎伦被这些简洁优美的诗句和丰富的内涵深深地吸引住了。“当我死时，听到苍蝇的嗡嗡声”（I heard a fly buzz when I died），这样的诗句给莎伦带来了学校里从来没有过的震撼和欣喜。狄金森诗中对蛇的描绘深深印刻在了莎伦的心里：“不论是独自一人还是有人相伴，遇到这个家伙的时候，我总是噤若寒蝉，骨头冷到零度（zero at the bone）。”骨头冷到零度？这是多么完美的一种状态啊，莎伦总是这么向往着。“骨头冷到零度”这种神来之笔是怎么出现的？莎伦急切地想要知道，于是如饥似渴地去阅读更多诗文。

在埃利奥特先生的鼓励之下，莎伦真的发现了这些令人震撼的词句的由来。“它们来自你的潜意识，你的想象力，”埃利奥特先生这么说，“你有着极强的想象力。试着去相信它。”

“这是什么意思呢？”莎伦问他。

“你的意志非常坚定，这是件好事。但是，有时候你也需要放松一下自己，让你的心智给自己一个惊喜。我可以向你保证，狄金森在写出诸如‘骨头冷到零度’这样奇妙诗句的时候，自己的惊奇感觉不亚于其他任何人。”

自那时起，莎伦就找到了一个新的游乐园，也是她最喜欢的地方，这是个充满了想象、图画和诗句的世界。她开始学习用狄金森的风格写诗，但也逐渐形成了自己的风格。她还会创作散文，然后发现了自己讲故事的天赋。从高一以后，莎伦便发现了自己内心的声音，于是不再去假装或者模仿他人，而是随心所欲地写作。她期待着大学时代的到来，希望自己在文学的海洋里愉快地遨游。

但是，莎伦没办法集中注意力准备考试。因此，她的学术能力评估测试（Scholastic Assessment Test，简称SAT）成绩很差，没能进入自己一直期盼的常青藤名校。所幸她有着良好的平时成绩，而且老师们的推荐信也对她认可有加，所以还是有好几所很好的学校录取了她。莎伦最后选择了位于纽约上州的霍巴特和威廉史密斯学院（Hobart and William Smith Colleges）。她在那里尽情挥洒，拥抱文学和写作带来的快乐。但是与此同时，她发现自己没法坚持停留在一个故事上把它写成有分量的篇章。她做了学校文学杂志的编辑，但是从未发表过自己的文字。

妈妈经常批评莎伦："你应该更务实一点。我们没法在经济上支持你。当个失败的作家又不挣钱。"莎伦知道如果自己真的成为一名成功的作家，母亲肯定会妒火中烧，但是她也明白母亲的话有些道理。莎伦最不愿意去做的就是让母亲得偿所愿——向家里寻求经济援助。她确实需要在经济上自给自足，于是毕业之后她选择了自己可以脱颖而出的行业，进入了编辑的世界。

虽然梦想没有成真，但是莎伦确实在工作上一帆风顺。她所有的上级都跟埃利奥特先生一样发现了她的优点：天赋十足、动力强劲，而且富于想象力。虽然没法用语言解释清楚，而且也没法让别人明白，但莎伦清楚地知道自己的与众不同。每当朋友或者同事跟她说，"莎伦，你真的太有才了，为什么不找个教练或者规划师来帮你梳理一下，让自己的才华全面发挥呢"，她不知道怎么跟他们解释自己就是做不到。莎伦不仅有着深深的挫折感，还迫切地需要一个解释，什么解释都行。于是她开始把一个又一个恶毒可憎的标签贴到自己身上，就像每日自罚的仪式一样。

莎伦的某个哥哥问她："为什么你所有的亲密关系都维持不了多久呢？难道没有任何人让你看得上吗？"她不知道从何说起，也没法解释这实际上是因为她觉得自己不够好，没办法用正常的方式维系一段关系。因此，她只能这么回答："我太自私了。"虽然事实远非如此，但至少这算是个答案。

莎伦还发现了很多正确答案，但不是关于她自己的，而是关于其他人和整个世界的答案。她有个绝活儿，这既是一种天赋也是一个诅咒——她能够看到别人看不到的东西。莎伦能够在一瞥之间看清一个人、在一瞬间就明白对方在说谎、简单地看一眼就明白对方在想什么，或者在几秒钟里就推断出一个会议的内幕到底是怎样的。莎伦可以对任何人或者事情了如指掌，仿佛她的眼睛是X光一样。这种洞察力有可能让她获益良多，但是给她造成的麻烦更多。因为她没法跟别人分享自己的洞见，只能让自己更加地疏离。莎伦身上充满了各种各样的情绪和洞察力，这让她精疲力竭。

莎伦尝试用编辑这份工作来让自己埋头踏踏实实地过日子，同时也借此逃避那些时不时袭上心头的想法和感受。但是，即便是在做编辑的时候，她也能够读出作者言不由衷的矫饰，看穿狡猾的作者在字里行间的把戏。不仅如此，有的时候她觉得自己唯一能做到的就是，面对这些让人抓狂的文字忍住不去歇斯底里地爆发出来。她甚至有时会双手用尽力气紧紧地抠住写字台，以此来控制自己的情绪。尽管莎伦已经千方百计地试图让自己去专注，但思绪还是像一个在野餐草坪上撒欢儿的孩童，四处乱跑。她的想法漫天飞舞、不着边际，根本不在乎风险以及权威的压力。对她而言，做到控制绝非只是有些难度而已，她觉得自己根本不可能做到。

莎伦在内心深处也清楚，如果自己真的能在一件事情上保持专注力，就真的能写出几本小说，讲出自己心中的精彩故事，也能真的去找个意中人，建立一段长期稳定的关系。那样的话，她还能满足自己的另一个渴望，就是成为一个妈妈，做一个自己从小渴望但从未拥有过的好妈妈。

但是到目前为止，一切都还只是镜花水月，莎伦也因此而羞愧不已。她知道自己从未认输，因为直到今天她依然在办公桌前努力尝试，但是她也常会去想，自己的生活还有可能是怎样的一番风光。

注意缺陷多动障碍患者的生活

在美国，每 100 万人里就有一个人患有未被诊断的注意缺陷多动障碍，像莎伦这样的人其实有机会完全改变自己的生活状态。其他任何关于心智精神的诊断都不像这个诊断一样，能给人带来戏剧性的改善生活的机会。而且，就像我之前反复提及的，80% 身患注意缺陷多动障碍的成年人并不知道自己有这个毛病。因此，就像莎伦那样，他们屡战屡败、垂头丧气。监狱里也有很多这种身患注意缺陷多动障碍但没有被诊断出来的人。同样，在其他的人群里这种人的比例都不小：失业者、酗酒者、容易出事故的人、被抑郁或焦虑困扰的人，以及那些被边缘化的人。

幸运的是，因为莎伦的坚强和天生的才华，跟其他被注意缺陷多动障碍严重困扰的几百万人相比，她的生活还算是不错的。但是她依然深受其害，离自己本应达成的成就相去甚远，这一点她自己也心知肚明。如果这种情况持续下去，莎伦肯定会逐渐抑郁甚至绝望，然后连现在能胜任的工作也干不下去了。

因为种种原因，大多数人包括大多数医生，都对成年人的注意缺陷多动障碍知之甚少，甚至可以说是一无所知。他们认为注意缺陷多动障碍只出现在儿童身上，是那些过度活跃的男孩子的事情。这就导致几百万成年人本可以治好他们的注意缺陷多动障碍，然后享受非常成功的人生，但是由于没有机会得到这种至关重要的帮助而与成功失之交臂。诺贝尔奖得主、普利策奖得主、白手起家的亿万富翁、奥斯卡奖得主，还有很多其他领域里登峰造极的人，都有着这种奇妙而被大家误解的特质。

注意缺陷多动障碍之所以如此让人感兴趣，是因为它的优势和问题都很明显（参考表 6-1）。针对注意缺陷多动障碍的治疗都试图限制它的消极后果，充分利用它的积极特点。

表 6-1 注意缺陷多动障碍患者的优势和问题

优势	问题
富于创造力	容易被琐碎的事分神
直觉灵敏	难以引用证据来支持自己的观点
对有兴趣的事情可以超级专注	在不感兴趣的时候很容易分心
感兴趣的时候对工作充满热情	错过截止日期、拖延、迟到早退
行动迅速、不浪费时间	冲动、做决定的时候不考虑后果
总会去寻求新鲜的刺激源	寻求高强度的刺激会带来麻烦，如危险行为、吸毒等
能量充沛	有时候无法坐下来听别人说话
很会鼓舞人心，也容易被人鼓舞	做事很难善始善终，也不容易维持长期的关系

从 1981 年开始接触这个问题到今天，我已经跟成年人的注意缺陷多动障碍斗争几十年了。我自己就有这种问题，同时还患有诵读困难（dyslexia）。我已经学会通过合理的安排和管理来“变废为宝”，把这些问题转化成生活的巨大优势。因此，我不仅把自己视为治疗疾病的专家，还是帮助别人发掘自己天赋的专家。

注意缺陷多动障碍的应对方法

如果莎伦能得到正确的诊断，本可以开始发挥自己的这份天赋，而不是在这几十年里屡战屡败，充满失望和自我攻击。莎伦和那几百万跟她类似的人一样，只差一点点就有机会开启一个全新的美好生活。那些患有注意缺陷多动障碍的人往往会自己破坏自己的生活，并不是因为什么潜意识的内在冲突，而是他们的脑神经结构出了问题。他们是自己大脑缺陷的受害者，没办法使用大脑中能力超群的部分。

除了那些有注意缺陷多动障碍的人之外，还有许多成就不足的人也都因为不知道如何善用自己的大脑而发挥不了潜在的能力。很多年前，我写过一个儿童故事《在雨中与大脑漫步》(*A Walk in the Rain with a Brain*)。故事讲的是克制,“没有任何两个大脑是一模一样的,也没有最好的大脑。每个大脑都有自己的特点,都是独一无二的”。因为我们的教育体系有着种种不尽如人意之处,也因为我们在大脑管理领域的实践知识十分贫乏,大多数人从未有机会理解和掌握运用自己大脑的特殊方式。他们也许不至于浑浑噩噩,但是肯定也没有尽情发挥自己本身拥有的能力。

在帮助莎伦的时候,我做的第一件事就是用一个新的框架来解读她的处境。她现在深陷泥潭之中,迫切需要脱身。虽然天赋惊人,莎伦却成就平平,并非她不努力,而是因为身患注意缺陷多动障碍没去治疗。只告诉莎伦她需要更努力,实际上就相当于跟一个近视的人说眯起眼睛能看清楚一样。

我们的努力从教育开始。我建议莎伦先看看我的书《分心也有好人生》(*Delivered from Distraction*),因为这本书能让人很快了解到注意缺陷多动障碍到底是怎么回事。莎伦的阅读速度很快,也很喜欢阅读。一旦她理解了注意缺陷多动障碍和它的积极特质,如创造力、勇气、原创性、胆量和能量等,就可以开始逐渐利用这些优势了。

诸如利他林(Ritalin)或者安非他命(Adderall)之类的兴奋性药物很有可能是上天赐给我们的礼物。80% 的情况下这些药物都会有效果。对于注意缺陷多动障碍患者而言,药物治疗就好比配眼镜,能够让人更加有效地聚焦。如果使用正确的话,除了胃口可能会减弱之外,患者不会有其他任何不良反应,并且也不会导致不期望的体重下降。如果有其他不良反应出现,只要调整剂量或者停药,不良反应就会消除。除了药物治疗之外,比较有效的方法还包括体育锻炼、营养摄入、静坐冥想、积极的人际接触、学会疏导自己的情绪,以及学会过更结构化的生活,注意缺陷多动障碍教练可以提供相应的帮助。

教练是一个相对新鲜的领域。有很多人说自己是注意缺陷多动障碍教练，但是因为这个领域并没有资质的限制，所以找到货真价实、值得你花时间和精力去聘用的教练其实非常困难。我在这里推荐三个我比较信赖的机构：注意缺陷障碍教练学院（ADD Coach Academy）、注意缺陷多动障碍教练组织（ADHD Coaches Organization）以及边缘基金会（Edge Foundation）。

莎伦就是这种典型的成年人患有未经诊断的注意缺陷多动障碍的情况，她对这种让她深受其害，但是本来可以通过治疗解决的症状一无所知。这就好像她开着一辆方形轮子的车，四处颠簸，但是自己并不知道。最让她不堪承受的是，自己无法达成本能成就的梦想。幸运的是，安非他命迅速地在莎伦身上起了作用。因为药物治疗的有效性达到了 80% 以上，所以“幸运”这个词用在这里可能并不合适。无论如何，就像最常见的情况那样，她立刻开始体会到了药物治疗的好处。

然后，莎伦才有机会对我们相遇之前在她身上发生的一切重新进行思考。她是个天生的斗士，对自己之前错过了诊断感到愤愤不平，但是这种愤怒只会让她怀抱着更强的愿望去完成那些从未被忘记的梦想。药物让莎伦前所未有地专注，把她“车”上的方形轮子换成了圆的。但是，这其实只是个开始而已。此前她从小到大都对自己有着相当消极的看法，虽然她勇气非凡、动力十足，并且坚韧不拔，但是内心其实充满痛苦和挫折感。

对于那些童年有学习困难的人而言，儿时带来的伤害有可能形成人生的创伤。戴维·尼尔曼（David Neeleman）是美国捷蓝航空公司的创始人，也是我的一个朋友。他也患有注意缺陷多动障碍。在捷蓝航空上市的那天，尼尔曼在几个小时里就挣了几千万美元。他跟我说：“你以为我当晚开车回家时心里想的是如何庆祝一下吗？才不是呢，我依然感觉自己还是高中时候那个什么都不行的倒霉蛋。”

并没有哪一类药物能够翻转一个人的自我印象。在莎伦的案例里面，我做了以往相同案例中同样的事情。我跟她交谈、共同探索，一起体验个中痛苦，一起慢慢处理各种浮现出来的混杂情绪。莎伦对自己的新生活倍感兴奋，对自己的“圆轮子”喜爱万分。但是她也同样感到困惑和愤怒。为什么自己花了这么多时间才搞明白这件事？为什么在她上学的时候没人能够发现她的问题？为什么自己的母亲并没有提供帮助，而是一味地对她横加指责？

处理这些情绪和问题需要花些时间。莎伦开始慢慢地重新唤醒自己的作家之梦，对自己的能力也重拾信心，渐渐开始恢复了写作。亡羊补牢，犹未晚矣。我年纪最大的患者已经86岁高龄，他来就诊的原因是想要写一本回忆自己整个生命历程的书。在我诊断出并且治疗了他的注意缺陷多动障碍之后，他才终于能够开始这本书的写作。

把基本框架运用在莎伦的案例里面，我们会得到下面的信息：

1. 能量。跟其他患有注意缺陷多动障碍的人一样，莎伦的精力非常充沛，但是她没法引导或者控制这种能量。

2. 情绪。莎伦的情绪起伏太大，非常难以进入稳定的情绪状态。

3. 投入。莎伦的注意力总是飘来飘去。她有可能一会儿对某件事情聚精会神、高度投入，一会儿又会失去专注力。

4. 结构。莎伦难以给自己创造一个基本的生活结构——清单、规划和时间表，而这恰恰是走向成功的基础。

5. 控制。莎伦无法控制自己心智的巨大力量，就好像一辆没有配制刹车的法拉利跑车。

解决方法 给患有注意缺陷多动障碍的成年人的 10 个建议

1. 对自己的状况了解得越多越好。网络上泛滥着太多关于注意缺陷多动障碍的错误概念和误导信息，因此别从网上开始了解。你可以看一下我跟约翰·瑞提（John Ratey）合著的《分心也有好人生》，或者克雷格·瑟曼（Craig Surman）、蒂姆·比尔基（Tim Bilkey）和卡伦·温特劳布（Karen Weintraub）合著的《心乱如麻》（*Fast Minds*），或者拉塞尔·巴克利（Russell Barkley）的《关照成年注意缺陷多动障碍》（*Taking Care of Adult ADHD*），以及利迪娅·泽洛斯克（Lidia Zylowska）和丹尼尔·西格尔（Daniel Siegel）① 合著的《成年人注意缺陷多动障碍的正念处方》（*The Mindfulness Prescription for Adult ADHD*）。

2. 拥抱注意缺陷多动障碍，尽管这个名字听起来很可怕：注意力缺失和过度活跃障碍。注意缺陷多动障碍其实并非注意力的缺失，而是注意力的四处漂移。而在成年人阶段，过度活跃实际上并不常见。而且我认为这并非一种失调或者障碍，而是一种特质，适当的调节和管理能够帮助个人取得很大的成就。我用在儿童身上的比喻实际上也完全适用于成年人：我告诉孩子们他们大脑里有个法拉利的引擎，但是刹车是自行车级别的。一辆没有刹车的法拉利肯定非常危险，但是如果能够增强刹车的力量，那么它就是一台可以夺冠的强劲跑车了。同样，我告诉孩子们，我是一个研究"刹车"的专家。

3. 理解让自己止步不前、作为不大的原因并非任何道德上的失败或者能力品质上的缺乏，而是注意缺陷多动障碍的后果。只要处理得当，自己的前途不可限量。

4. 找那些有处理注意缺陷多动障碍经验，并且采用基于能力和优势构建的思路进行治疗的医生来帮你。找到这样的人可能需要花些时间，但是肯定物超所值，可以先在附近医学院的精神科尝试一下。

5. 为你所拥有的特质而自豪。因为这种优势钱买不到，也不能通过训练得

① 丹尼尔·西格尔是国际著名教育家、心理学家，其代表作《由内而外的教养》《全脑教养法》中文简体字版已由湛庐文化策划、北京联合出版公司出版。——编者注

来，真的是一种天赋，并且只要你找到合适的帮手，它的消极影响就可以被管理和控制。我给这个特质起了个新名字，叫作“美国优势”（The American Edge），因为这种基因在美国社会非常常见。想想看当年都是怎样的一群人在移民潮里来到美洲的吧：梦想家、开拓者、先锋人物、冒险家、发明家和企业家。实际上，多数企业家都有注意缺陷多动障碍。

6. 找个教练帮助自己训练组织和管理时间的能力。你也可以试着下载一个由我制作的名叫“疯狂繁忙”（CrazyBusy）的应用程序。它可以帮你为任务进行优先级排序、评估一个任务的价值、组织和梳理各种任务。另外，它还提供了很多小工具，如计时器、秒表等，并且有很多帮忙应对繁忙的日常生活的诀窍。
7. 冥想、锻炼身体、合理的营养饮食和充足的睡眠，都有助于让注意缺陷多动障碍以及生活的其他各个方面有所改善。
8. 不要害怕药物治疗。如果使用合理的话，药物就会像配眼镜一样有用。当然你要保证找的是一个资质合格的医生。
9. 尽可能多地去做你擅长的事情。很多注意缺陷多动障碍患者都迫使自己去做他们很不擅长的事情，并且在这个过程里浪费了太多青春。
10. 把自己学到的东西分享给大家。成年人的注意缺陷多动障碍对大家而言依然非常陌生。一旦你体验到了治疗的好处，请把这些分享给其他也可能需要的人们。

哈洛韦尔
分心测试

测一测你的分心程度

- ⇨ 你经常感到焦虑或者不知所措吗？
- ⇨ 你是否很难分清轻重缓急，无法有条不紊地工作？
- ⇨ 你的工作环境中是否有持续不断的打扰让你无法完成自己的任务？

做一做下面这个简短的测试，看看爱德华·哈洛韦尔博士所提出的 6 种最常见的注意缺陷特质对你的影响有多大。

从 1—7 范围内回答以下每个问题，1 代表“强烈不同意”，7 代表“强烈同意”。完成测试后，你会得到每一种注意缺陷特质的分数。如果你在其中任何一种注意缺陷特质中超过 15 分，建议扫描左下角二维码获取提高专注力的技巧。

扫码下载“湛庐阅读”App，
搜索“赢回专注力”，
获取你的测试结果和建议。

1. 即使情况不需要，我也会感到莫名的焦虑。（ ）
2. 我习惯于把别人工作中的问题当成自己的问题来处理。（ ）
3. 我有很多想法，却不知道该怎么实践它们。（ ）
4. 我因为上网浪费了很多时间。（ ）
5. 做计划对我来说是很难的事情。（ ）
6. 我经常晚上睡不着觉，思考新的想法和点子。（ ）
7. 我喜欢同时打电话、发邮件和做其他的事情。（ ）
8. 我喜欢危机，那是我最专注的时候。（ ）
9. 如果每一个没有做到的想法值一块钱，我早就发财了。（ ）
10. 如果我能关掉自己的电子产品，工作效率会提高一倍。（ ）
11. 我来自一个充满焦虑的家庭。（ ）
12. 我更愿意向别人提供帮助而不是索取帮助。（ ）
13. 内疚对我来说是个大问题。（ ）
14. 我有一个强大的头脑，但我很难控制它。（ ）
15. 我比一般人更难阻止别人打扰我。（ ）
16. 其他人经常反对我花那么多时间上网。（ ）
17. 只要给我一个小时不受打扰，我什么都愿意做。（ ）
18. 如果能少一些焦虑，我会更成功。（ ）

强烈不同意……1……2……3……4……5……6……7……强烈同意

DRIVEN TO DISTRACTION AT WORK

第二部分

5 种训练专注力的方法

HOW TO FOCUS AND BE MORE PRODUCTIVE

07

灵活聚焦

创造最佳状态，准备走向卓越

2012年3月，职业高尔夫球选手布巴·沃森（Bubba Watson）在佛罗里达州蓝魔球场（Blue Monster Course）的多拉公开赛（Doral Open）上表现优异。在周日最后一轮的前一天，他以三杆的优势领先。对职业高尔夫球选手而言，在最后一轮之前领先三杆，虽说还不能把冠军看作囊中之物，但胜利在望了。然而，作为夺冠的大热门，沃森在周日的比赛里居然功亏一篑，把冠军拱手让人。

沃森是这场比赛里击球最远、最有创造力的球手，绝不缺乏任何天赋和才华。他缺的是专注的能力。在多拉公开赛的最后一天，沃森前9个洞打得浑浑噩噩，把之前积累的三杆优势挥霍一空。于是整个锦标赛突然变得悬念大增，竞争激烈。评论员约翰尼·米勒（Johnny Miller）在电视转播中对沃森的恍惚状态批评不已，说但凡他能多一点点专注的能力，可能早就捧回好多奖杯了。所有的专家也都认为，沃森之所以不能成为伟大的选手，主要是因为他做不到在比赛中集中注意力。

但是，同年晚些时候在佐治亚州奥古斯塔国家球场（Augusta National）举办的美国高尔夫球大师赛（Masters Golf Tournament）中，沃森又有了不一样的表现。

在这场最高层次的高尔夫比赛中，在这个由高尔夫球传奇人物博比·琼斯（Bobby Jones）所创建的场地上，沃森突然找到了那个对他来说难以捉摸的专注力。

在这场比赛的最后一轮，沃森以两杆的劣势紧随领先者。这个成绩毫无疑问还是有可能后来居上夺冠的。但是在第四洞的比赛中，发生了一些在往常肯定会让沃森分心失常、一败涂地的事情。他的竞争对手路易斯·乌修仁（Louis Oosthuizen）打出了高尔夫球历史上最为漂亮的一杆球，取得了被称作“双鹰”（double eagle）的成绩。“老鹰”（eagle）指的是在某一洞上比“标准杆”少两杆，所谓的“标准杆”是表现正常的选手在这个洞上应该打出的杆数。比标准杆少一杆也是很好的成绩，被称作“小鸟”（birdie），而比标准杆少两杆就更难得了，被叫作“老鹰”。极少有人能打出比标准杆少三杆的成绩，也就是“双鹰”。乌修仁在一个 5 杆为标准杆的洞上打出了超凡脱俗的两杆成绩，即便是在屡现传奇的锦标赛里也非常罕见。

要说什么情况最能让沃森慌乱分神的话，乌修仁在比赛中打出“双鹰”的成绩绝对是个引爆点。但是这次大不一样，看到对手创造历史之后，沃森本应该大惊失色或者呆若木鸡，但是这些都没有发生。他反而变得冷静异常、心无旁骛，避免那些让他一次次跟冠军失之交臂的错误。

到了第 18 洞的时候，沃森和乌修仁都处在夺冠的边缘。他们之中任何一人只要在果岭上一杆进洞就能夺冠。但是两个人都没能做到。于是，最后比赛进入了“突然死亡”（sudden death）的加时赛阶段。在高尔夫比赛里面，没有什么比“突然死亡”压力更大的了。任何人只要赢一个洞，就能赢得整个锦标赛，而失败者则被扫地出门。

在加时赛的第一个洞上，两个人都再次有机会赢得比赛，但是也都没能做到。于是“突然死亡”进入第二个洞的比赛。这个时候沃森犯了一个错误，他有一杆球打得过于偏右，打进了靠近平坦球道（选手们开球时瞄准的巨大平坦地带）的高大树丛里面。这看起来是个灾难性的失误，可以说沃森是满盘皆输了。大家都以为他的“宿敌”——分心再次光临，让他功败垂成。因为他在最关键的时刻打了最差的一个球，基本上就是坐以待毙了。“沃森又搞砸了”——周一的新闻头条上会老调重提，然后就是网络上的一片骂声。

但是这次是另外一番模样。沃森发现球跑到了树丛里 30 多米的深处，令人啼笑皆非地窝在一堆松草里面。这时候，最符合逻辑的打法以及一个高尔夫球手惯常采用的应对方法，就是打一个安全的短球，把球先从树丛里打到平坦球道上。对于所有观众而言，这也是不言自明的选择。

但沃森没有这样做。他可能事后回想的时候会说，因为之前也遇到过类似的情况，所以打个安全球是无须多言的选择。但是在那个时候，他没有浪费任何时间，直接调整了自己的姿态，改用一种特殊的握杆方法，狠狠地把球从枝繁叶茂的树丛里打了出来。

沃森那时候必须把球打到看起来绝无可能的地方。球必须笔直地高飞出树丛，然后还要做一个正确的弧线转弯。专家球手们确实能够随心所欲地打出直线球或者弧线球，但是要在一杆里同时做到两者就需要高超的技巧了。

沃森这次就做到了。他打的这个球先是高飞出了树丛，然后向右侧拐了一个很大的角度，飞了大概 40 米的弧线，直接落在了果岭上，而且离球洞只有四五米远。于是乌修仁就再也没有机会了。沃森终于如愿以偿取得冠军，众人则都大跌眼镜。

在这场比赛里沃森到底发生了怎样的变化？没有任何人知道他是怎么做到的。大多数人都认为他看起来跟以往不一样了。他变得很沉稳，眼神向前直视，不再四处漫步，也不再呈现出之前那些很明显的分心症状了。

有些人可能会认为，这跟沃森和他太太在锦标赛的前几天刚刚领养了第一个孩子有关系。他跑到奥古斯塔比赛的时候，因为孩子还太小，他太太不得不留在家里带孩子。但是在他心里，妻儿一直都跟自己在一起。我自己既是父母又是儿童精神病医师，我相信没有什么比为人父母更能让人产生巨大和永久的改变了。在那个时候，一个人会彻底地陷入一团忙乱和混沌之中。你会彻底爱上这个刚刚被你带来这个世界、躺在床上蠕动不已、持续不断号啕大哭、只会吃喝拉撒的小东西。

谁都不知道沃森到底是怎么找到方法让自己聚焦的。但是无论如何，他做到了。我猜测他借用了能够创造心智专注状态的三个要素——结构、新奇和动机。高尔夫球比赛的每一次击球都需要这三个要素的组合。比赛有着鲜明的结构；每一次击球都是独特的一击，也就是新奇；每个选手都希望取得好成绩，也就是动机。

我认为在这场比赛里，恰恰是乌修仁在第四洞打出的那个“双鹰”球刺激了沃森，让他动力十足。在“突然死亡”比赛的第二洞中，沃森旧疾复发，失去了聚焦，于是把球打进了树丛里面。但是随后他在面对这个几乎不可能完成的高难度挑战时，把自己的创造力彻底激发了出来，打出了人生中最完美的一击。

什么是灵活聚焦

聚焦的强度和持续时间都是可以变化的。其中一个极端是完全没有聚焦（不包含沉睡、喝醉、昏迷，或者其他被生理原因剥夺聚焦能力的情况）。我把这种漫无目标、随波逐流的状态称作“漂流”。这可能是让人感到非常舒服的状态，也可能是浪费时间。你的思路飘来飘去，就像拖网捕鱼的渔船一样。有时候，在无心的游荡之中，你可能会突然抓到一条大鱼。

你的大脑在这段看似空白的时间里实际上做了很多工作，虽然你可能对此毫无察觉。这时候大脑会进入被称为“默认模式”（default mode）的状态，激活了“默认网络”。在这些白日梦或者“漂流”状态下，大脑的外侧前缘皮质和前扣带皮层都会非常活跃。这两个部分在执行功能中都起着非常重要的作用，其中就包括规划和聚焦注意力的能力。

这也就在某种程度上解释了为什么人们需要时不时地把注意力从手头的事上移开一下，“漂流”片刻。但是，其实在这段时间里你的头脑并没有真的去休息。恰恰相反的是，为了让你在下一段时间里更好地集中注意力，大脑会主动去寻找“能量”，也就是我们基本框架里的第一个要素。

你可能认为大脑在努力解决一个问题或者聚焦一项任务的时候会消耗最多的能量，但是事实并非如此。在“漂流”的时候，大脑的“默认网络”所消耗的能量一点也不少。有趣的是，这时候你心中所想的通常是其他人、你自己，或者你跟这些人之间的关系，你在进行“社会认知”（social cognition）。大自然的设计让我们的头脑在不干活的时候思考人际关系，就像马修·利伯曼（Matthew Lieberman）① 所说的：“其实在空闲时间里的大脑本来可以被设计成做很多其他的事情，如学习微积分、改善逻辑推理能力、把我们所看到的东西进行归类，等等。这些事情中的任何一样都具有适应性的价值，但是大自然在人际关系上下了赌注。”[1]

与“漂流”相反的另一个极端现象是“心流”（flow）。这是一种意识的高度觉醒状态和大脑的超级专注聚焦状态，心理学家米哈里·希斯赞特米哈伊（Mihaly Csikszentmihalyi）② 在 1975 年给它起了这个名字。[2] 在“心流”状态下，一个人会完

① 马修·利伯曼是社会认知神经科学领域最重要的权威学者之一，其代表作《社交天性》中文简体字版已由湛庐文化策划、浙江人民出版社出版。——编者注

② 米哈里·希斯赞特米哈伊是“心流”理论的提出者、积极心理学的奠基人，其代表作《创造力：心流与创新心理学》中文简体字版已由湛庐文化策划、浙江人民出版社出版。——编者注

全沉浸在自己所做的事情里，完全忘却自我意识的存在。他会专注于正在做的事情，跟自己的动作完全融为一体，甚至变成这个动作本身。他对时间的流逝浑然不觉，也感觉不到自己的基本生物需求和欲望，这让我们想起叶芝的诗句："身随乐舞，眼映光明，舞者与舞，岂能分清？"[3]

与其他任何一种高强度的巅峰体验一样，心流也会逐渐退去。我们几乎每个人都曾经在某个时刻体验过某种程度的心流，因此我们都有第一手的经验，知道心流并不长久。有的人在跑步或者做瑜伽的过程中体验到心流；有的人的心流状态来自演奏乐器、冥想、编织或者玩纵横字谜游戏；有的人会用威胁自己生命的方法来获得这种体验，如高坡滑雪；还有的人会专心致志地去制作一个雕塑来获取心流体验。

根据希斯赞特米哈伊的研究，在心流的状态下，人的生命似乎达到了最高点，有一种最为愉悦和强烈的充实感，这一点也被我所接触的很多人以及我自己的经历所印证。同样，在这种状态下，人们也会超水平发挥，往往能够做出自己之前从未做到的事情。虽然这种状态如此令人向往，但是之后你只会记得其中最精彩的一瞬，那种纯粹的愉悦。因为在心流过程中你的自我意识会消失不见，在那个时刻里你根本意识不到发生了什么，直到事情结束之后才会回过神来。

但是你没办法一整天都处在心流状态里面。你需要吃饭、睡觉、休息，否则大脑在心流状态下的能力会受到神经递质供应的限制。但是，通过练习，你可以掌握方法，规律性地进入这种状态。其中的关键就是，你需要投入到某种对你而言既有深刻意义又非常具有挑战性的任务里，它让你不得不全力投入、尽力而为。

希斯赞特米哈伊的工作被史蒂文·科特勒（Steven Kotler）扩展到了实践的层面。科特勒是"心流基因组项目"（Flow Genome Project）的领导者，这是一个跨学科的国际合作组织，致力于对心流状态下到底发生了什么进行解码。[4]科特勒和他的研究小组正在开发各种方法和工具来“深入解剖心流状态”，因为这是每天都会发生的一个奇妙现象。[5]他的大多数实验都是在极限运动员身上进行的，因为这些人经常冒生命危险。科特勒发现，心流在这些运动员身上经常发生，并且每次出现的时候，他们就会一如既往地超水平发挥。在这种情况下，最大的收益来自最大的冒险。

但是我们可以很有把握地说，绝大多数人并不会为了片刻的心流就去冒生命危险。对我们而言，心流的大门依然敞开着。我们只需要去选择那些意义重大同时又有挑战性的事情去做。

对我来说，这件事情就是写作。写作让我既爱又恨，大多数作者都有这种感觉。写作不仅具有挑战性，有时候还让人感觉是不可能完成的事情。因为写出来的东西永远不够好，或者满足不了作者原先的期待，所以这个任务会让你时常对自己感到失望。这也是为什么我们写作的人很多时候都会逃避写作。当有人问海明威如何写一本小说的时候，他是这么回答的：“你要做的第一件事就是把自己的‘冰箱’清空。”其实他说的是，作家们会去做任何事情来避免开始写作。

但是我们又都同时深爱着写作。没有哪件事能比写出一个漂亮的句子或者找到一个简洁明了的绝佳比喻更能让我感到愉悦的了。它们是我能够面对一张白纸开始进行书写的动力，就像高尔夫球手即便打出过很多坏球，也依然会奔向球座去开下一个球，那是为了能有机会打出几个真正的好球。当我终于在写字桌前坐下来面对键盘的时候，通常就会进入心流状态，一般会有个几十分钟，有时候甚至会持续一个小时。我的写作体验跟极限滑雪者的滑雪体验之间的区别就是，我不需要冒险来让自己保持较长时间的心流状态。如果我在写作的同时也命悬一线，心流状态的持续时间可能会更长一些。

在没有心流的情况下，还有一种状态就是专注。我们大家都知道什么是专注。这是一个标准术语，用来描述聚精会神、头脑清晰地专心聚焦于一个目标的心理状态。在专注和心流之间的那片地带，就是我所说的"灵活聚焦"的状态了。它跟心流不一样，没有心流带来的那种高峰体验。这是一种带有某些心流特征但又没有忘掉一切的沉浸的状态。在灵活聚焦的状态下，你可以保留那种在任务上专心致志的能力，同时也能够保持对输入的开放性。

灵活聚焦是一种在日常生活中就可以做到的混合的心流状态。在灵活聚焦状态下，你会在头脑里设置一个半永久性的边界，允许某些分心的事情和偶尔会出现的新信息或新想法的出现。

举例来说，想想看捷蓝航空公司创始人戴维·尼尔曼的情形。他发明了电子机票，这在整个航空史上肯定是过去 20 年来最为重大的发明之一。"我并没有刻意去发明这个东西，"他跟我说，"只是有一天我突然意识到了这一点。事情变得非常显而易见。我不明白为什么早没有人想到这一点。但实际上，航空业其他所有人都在嘲笑我，说'手里没有一张纸质机票，没人会跑到机场去的'。但是，今天所有人都这么做了，并且给行业节省了数百万美元的开支，也为客户们减少了焦急慌乱和没赶上飞机的情况。"

我问他："是什么激发了你的这个想法呢？"

"没什么，"尼尔曼回答，"我一直都在思考如何改善这个行业。实际上这就是我的全部工作。产生想法，拓展想法。电子机票只是我的点子里比较成功的一个而已。但是所有点子的产生过程都是相同的。我进入一种特殊的模式，然后想法就来了。"

尼尔曼并非艺术家，而是个商人。但是在想到电子机票这个点子的时候，他的心智处于一种清明开放、蓄势待发的状态中。跟其他的高管一样，他总是在苦思冥想如何提升效率。但是跟他们不一样的是，尼尔曼并不是在一个僵化、传统和陈旧的体系里强迫自己产生新的想法。例如，他没有紧抱着自己过去的成就不放，或者把所有能找到的提升效率的书都读一遍。他把自己置于灵活聚焦的状态中，新点子自然而然就出现了。

灵活聚焦里存在一个悖论。在这种状态下，你让大脑里的逻辑思维和创造力保持一种微妙的平衡，一起使用创新能力和组织分析的能力。你能够看到各种不同的新想法，但是又不会被过度地转移注意力。既保持目标，又不过度僵化。

如何做到灵活聚焦

为了达到灵活聚焦的状态，你需要做到本能地去平衡左脑和右脑、创造力和约束力、随机性和组织性。你需要在四处搜寻的时候依然保持目标，把灵活性和稳定性、自发性和结构性、打破规则和坚持规则都结合在一起。你还需要把新方法和已知方法、过程和目标本身都结合在一起。这是一种平衡大脑的高超行动，也是一种非常重要的技能。它能让你熟练驾驭工作中的各种挑战，也能让你把握住现代生活带来的种种机遇。如果能够掌握这个平衡，你就能接触到各种不请自来、预料之外的想法、图景、冲动和情绪，而这些都有可能让心智活动更为深刻，与此同时，你依然保持着把已有想法有序组织和继续拓展的能力。

想要做到灵活聚焦，你需要做到以下几点：

1. 关掉电子产品。

在你每天需要专心致志工作、不受打扰的时间里，关掉你的电子产品。

2. 相信自己的方式。

最老掉牙的歌词之一也许就是“我行我素”了，它之所以如此陈词滥调是因为太有力量了。我们在我行我素的时候最能够聚精会神，而且也表现最为出色。每个人都有自己轻车熟路的一套习惯，有能让自己达到最大产出的个人化的工作过程或者方法。相信你自己的套路。当不知道走向何方的时候，你的套路或者习惯会让你潜意识地迈向自己的目标。它能够给你指路，并且常常会用最有价值的发现和意料之外的解决办法带给你惊喜。别跟自己的经验过不去，跟它合作。

3．有张有弛。

当你开始觉得自己目光呆滞或者濒临抓狂的时候，停下手里正在做的事情。站起身来，四处走走，给自己倒杯水，伸个懒腰。60 秒钟就会让你觉得不一样。

4．找点困难的事情做。

最能让人高度集中注意力的事情就是接受一项挑战，或者在一个自己擅长但是略微超出能力范围的领域内工作。很多时候，最让人惊讶的就是，原本看似不可能的事情成了可能。

5．寻求帮助。

在遇到困难的时候，别把寻求帮助看成软弱的表现。实际上恰恰相反，能让自己从迷惑中脱身和回到正轨是力量的彰显。

6．把握自己的时间。

现代生活中最正确的规则之一就是，如果你不把时间留给自己的话，其他人或事肯定会占满你的时间。因此，好好守护你的时间，时间是你最宝贵的财富。除非不得已，否则绝不要轻易把时间给别人，或者让别人来控制你的时间。

7．闭上你的眼睛。

当你不再专注或者感到困惑的时候，简单地在椅子上伸个懒腰、把眼睛闭上。这能让你重新专心致志，还能给你一个新的方向。

8．画一张图。

视觉能够让思维更清晰，如画一个草图、组织一个列表、用儿童涂鸦的方式画满一张纸、在纸上写满各种词汇和箭头。你可以在画板或者地板上画图，从一个简单的词开始，画个方框把它圈起来，然后展开想象力用各种各样的视觉化方法开始创造。你很快就会看到自己一直在寻找的、能让你聚焦的大图景。

9．自言自语。

发出声音的自言自语会让你从困惑中脱身。如果你身处在一个允许你这么做的环境里，那就把困扰自己的问题直接说出来。出声的讨论和静默的沉思会激活大脑里的不同部位。自言自语能让你从迷雾中走出来。

10．做有用的事情。

不用费劲去想那些应该做的事情或者惯例。有的人在听音乐或者身处有噪音的房间里时更能够专注，甚至有的人在走路或者跑步的时候更为专注。有的人更容易在早晨保持专注，有的人在晚上更能聚精会神；有的人喜欢冷一点的房间，有的人喜欢在桑拿房里用功；有的人在饥饿的时候更专注，有的人却需要先吃饱饭。没有什么所谓正确的方式，只有对你来说最为合适的方式，因此你需要做各种实验来发现自己的方法。

杰夫·戴尔（Jeff Dyer）、赫尔·葛瑞格森（Hal Gregersen）和克莱顿·克里斯坦森（Clayton Christensen）合著的《创新者的基因》（*The Innovator's DNA*）中描述了一些极具创新能力的CEO，如亚马逊的杰夫·贝佐斯（Jeff Bezos）、财捷集团（Intuit）的斯科特·库克（Scott Cook），以及销售力公司（Salesforce）的马克·贝尼奥夫（Mark Benioff）。[6] 与这些人一样的创新者们都倾向于突破边界，挑战既有的流程和思维。他们会去自由联想，把各种看似毫不相干的想法、领域和信息联系在一起。他们对事情进行深入细致的观察，从日常生活的现象中获取灵感。他们乐于做各种实验，并且喜欢挑战自己的思考能力，通过旅行或跟不同背景的人交往来拓展自己的体验。简而言之，他们都是心态开放、充满好奇的人，更倾向于发现自己的方法而不是跟随别人的脚步。

罗伯特·弗罗斯特（Robert Frost）的一首诗句因被太多人引用，已经变成了陈词滥调。这首诗整个第三小节，尤其是结尾处实在是精彩，值得在这里读一下：

> 多年以后，当我回首往事，
>
> 一定会唏嘘不已：

林中的路径，突然一分为二，

我选择了那条少有人走的路，

以后之事，皆因此而起。[7]

新奇、更少人走的路增加了灵活聚焦的机会，而重复、确定和惯例则减少了这种机会。当然，太多的新鲜也会让人眼花缭乱、混沌困惑，这也就是为什么我们同时需要用结构框架来把新鲜事物以及它的生成器和想象力纳入控制之中。

构造定律

让我再来用另一个惊人的故事阐释一下灵活聚焦的含义。不只是因为这个故事解释了灵活聚焦，还因为它能够激发你达成这种理想的心智状态的能力。

设计，需要流动性和专注力的平衡，而概率并不需要。就像我之前所指出的那样，在高产的心智活动中总会有概率和无意识所扮演的角色，但是它们只有在阻力最少、最能够充分流动起来的时候，才具有贡献。我们最终发现，大自然对此有个拱形的设计，从空气到流水，从车流到语言，乃至把信息变成点子，还有就是专注力，一切皆如此。

有时候，重要的点子会简单粗暴地突然闯入脑海，没有任何预兆或者警告。其实在日常生活中，这种情况经常发生。我们有时候会突然回想起把自己的眼镜忘在什么地方了，或者会无中生有地突然对某个特定关系或者正打算投资的方向有了全新的见解，让自己也大吃一惊。这种自发的洞见有时会改变我们的人生。尽管这种情况可能非常罕见，但那种突然间福至心灵的“哦！我发现了”的场景确实存在。在我们的文化中经常能找到这样的例子，如阿基米德坐在澡盆里时突然发现了浮力原理，牛顿在那棵著名的苹果树下突然发现了重力。我们并不清楚这两件事是不是真的发生了，但是它们都成了脍炙人口的故事。

但是，我在这里要跟你分享一个肯定发生了的“哦！我发现了”的例子。我们确信它确实发生过是因为《鬼斧神工》（*Design in Nature*）这本书的作者在书里向我们描述了这件事。[8]

1995 年 9 月，时年 47 岁的杜克大学机械工程系教授阿德里安·贝扬（Adrian Bejan）到法国南希市出差，参加一个热力学研讨会。在做自己的主题演讲之前，贝扬身上发生了一件我们都渴望但很少人能有机会体验的事情。这件事并未在贝扬意料之中，甚至不在他的设想之中，却改变了他的人生。尽管现在下结论还为时过早，但是这件事也很有可能会改变我们对整个世界的看法。

在会前晚宴上，来自比利时的诺贝尔奖得主伊利亚·普里戈金（Ilya Prigogine）做了一场演说，而贝扬恰好参加了这个会前晚宴。在演说过程中，普里戈金的一句话引起了贝扬的注意。事实上，这句话让贝扬如坠冰窖、呆若木鸡。如果苹果真的曾经落在牛顿的头上，那么它在牛顿身上所产生的作用就像普里戈金的话对贝扬所起到的作用一样。

普里戈金的那句话实际上是一个非常普通的陈述，也是当时整个科学界都认可的一个陈述。他注意到自然界确实存在很多树形结构，从闪电霹雳到肺叶中的气管，乃至河流堆积的三角洲，它们都是自然而然形成的，完全是随机现象，并且没有任何除了概率以外的其他因素。普里戈金说，这种结构之间相互类似的情形仅仅是一种巧合。没有任何一个理论能够解释为何这种树形结构在整个世界中如此常见，或者解释在完全不同的诸多情景里这些结构之间高度的内在一致性。

贝扬是这么描述当时自己的感受的：“灵感突然出现了。我突然明白了一些事情。我知道普里戈金和其他所有人都想错了。忽然间，我意识到整个世界并不是由随机的意外、概率和运气形成的。这个令人眼花缭乱的纷繁世界的背后存在着一个天衣无缝、可预测的模式。”[9]

然后贝扬把这个想法用笔写了下来，将它称作“构造定律”（Constructal Law），也就是“对一个在时间中稳定（能够存活）的有限尺寸的流动系统（flow system）而言，其构造必然会朝着更有利于流体通过其中的方向进行演化”。[10] 一眼看去，至少对于没有工程背景的我而言，这个原则听起来并没有那么重要，而且非常晦涩难懂，看起来跟日常生活没有一丝关联，而且显然跟这本书的内容也毫无关系。但是，一眼看上去的感觉很多时候都不准确。

让我来解释一下为什么吧。构造定律是一个针对所有流动系统的物理规律，也就是说任何系统，不论是有生命的还是无生命的，只要其中存在运动，就会遵守这条定律。构造定律约束着我们所遇到的每一个系统，从交通道路到体育比赛，再到组织运作以及飞翔的鸟群和海底的鱼群，当然也包括网络。也就是说，它不仅掌控着刚刚提到的那些系统，还控制着大脑和神经系统，以及在这些神经上传导的想法。

用简化的术语来表达，构造定律说的就是，所有的流动系统，也就是任何其中存在运动的系统，都会朝着改善流动、减小阻滞的方向持续演化。在时间的箭头方向，构造定律预测所有系统都必须允许流动性的持续提升——流向三角洲的河水、通过肺叶的空气、从云层到旗杆的电流，以及从被接收到被诠释的想法。

如果运动得不到更多的机会或者效率得不到提升，就会逐渐陷入僵化停滞。也许这就是为什么太多人在长大成人之后便停止了思考。他们的心智会阻滞所有事情，于是就再也没有任何进步和发展，剩下的只有再循环。当运动停滞的时候，生命也就停息了，因为生命本身的定义就是运动。没有任何运动的时候就是死亡。

用贝扬的热力学语言来描述，死亡就是一个系统与周边环境保持均衡的状态。这个系统没有任何事物流入或者流出。这就是热力学描述的死亡状态，也可以说是死亡的真正定义。树形结构恰恰就是一个极为精巧的让流动更容易的设计，不论是从一点到一个区域，还是从一个区域到一点。这也就是为什么大自然发现了这一点并且创造了这一切。

现在，让我们回来看看大脑的构造。你可能已经在问，大脑中的神经聚合区域到底是怎么设计的呢？当然也是树形结构的设计了。神经细胞也被称作神经元，它的细胞体或者池体很长，末端有很多树突，它们从突触上接受相邻的其他神经细胞发出的信号。

我引用贝扬的发现是为了强调两个要点。第一，有时候好点子就像被你钓住的鱼一样，它可能会在你的鱼线上挣扎不已，差点把你从船上拉下水。而像贝扬这样的高明渔夫对此却有备而来、驾轻就熟，即便在不认为鱼儿会挣扎的时候也能慢慢地收紧鱼线。第二，对我们更为重要的是，贝扬的构造定律告诉我们人类存在一种可以增加思想流动的模式。即便我们不能随心所欲地创造这种模式，但知道它的存在就意味着我们可以朝着增强这种模式的相似性的方向进行塑造。

我们的进步是可以朝着增加好点子的方向发展，同时，即便在没有好点子的情况下，也可以朝着提升专注力或者思维在意识中流动的效率的方向发展。1854 年，路易斯·巴斯德（Louis Pasteur）在一次演讲中提出了一个著名的观点，即“观察之后得出的结论是，机遇总是偏爱有准备的头脑”。[11] 于是问题就变成了：怎么才能把你的头脑准备到最好状态，让信息和点子能够最高效率地流动？

大脑的解剖结构导致上万亿个树突都会服从构造定律，发挥自己的作用。但是你可以通过采取一些步骤来帮助自己的大脑。有一些特定的经过验证的方法可以让我们利用自然和解剖结构，来创造最佳的思维流动速度。与其在火烧眉毛的时候鸡飞狗跳，不如通过有条理的计划、准备和技巧来从容不迫地获得灵活聚焦的能力。想要保持注意力集中，最有效的方法还是来自习惯和训练，其实就跟我们希望精通的其他任何技能一样。

持续不断更新的信息和观点的发散性和阻塞性，还有我们经常对自己讲的那些妄自菲薄的故事，都会妨碍我们去掌握这种保持头脑清醒的方法。就如同环境污染已经影响到了真正的钓鱼活动一样，我们精神生活中的污染也有很多。各种夸张的数据、打扰、记忆、诠释和分心，都在威胁着我们的灵活聚焦能力。为了达成目标，我们不仅需要对各种干扰进行限制，还需要为我们的心智和身体提供它们真正需要的东西。要想让一个花园繁盛，就需要有营养丰厚的泥土、充足的光照和水分，以及时不时地清除跟花木和蔬菜争抢营养的杂草。同样的道理，如果不对自己进行基础的关照，我们就没办法达成灵活聚焦。

在帮助大家培养灵活聚焦能力和去除想法和信息流动的障碍之前，我邀请各位思考一个问题：我们如何运用构造定律来帮助自己更为清晰地聚焦和更为流畅地思考呢？或者换一种视角，既然你比其他任何人都更加理解自己的处境，那么就问问自己，在你的头脑里有哪些阻滞信息和想法自由流动的障碍呢？

对生活在今天的大多数人而言，障碍其实再明显不过了：持续不断的分心干扰、永远不停地被打断、永远盯着电子屏幕、太多的机会和人情，乃至普遍性的操心劳神、用脑过度。我们不仅不会去移除那些阻滞信息和想法流动的障碍，反而往往会反其道而行之。我们把自己的通道都塞得满满的，创造了精神的大塞车，也就是走向跟贝扬的构造定律完全相反的方向。

然而，我们并非没有出路。塞车可以被清理干净。如果你自己精心设计的话，头脑里的道路就会畅通无阻，而信息则会高速飞驰。

5 项基本要素：能量、情绪、投入、结构、控制

我开发的基本框架里的所有要素都是针对清除障碍来设计的。通过顺应构造定律，我们的头脑会跟自己的目标建立畅通无阻且持久的联结通道。基本框架为我们带来了大脑中最为高效、最小阻滞的信息和想法的流动。我从这里开始提议的特定行为——从锻炼身体到创造最佳的情绪状态，再到减少分心和干扰，一直到发现和聚焦于你的“甜蜜区”（sweet spot），这一切都是为了提升运动的能力和促进无阻滞的流动。

因此，让我们假设你已经开始了这些心理学的工作。你开始考察自身的自我设限行为模式，有位受过训练的专业心理学家为你提供帮助，你已经开始剥离自己身上那些过去曾经为你提供过心理上的保护、今天却给你带来阻碍和伤害的陈旧故事和行为模式。这些工作可能会历经数年，但是你并不是必须如此。如果你坚持不懈，就会发现历经时日这些旧的坏习惯会逐渐放松对你的掌控。因此，让我们假设你已经做出了一些改变，来帮助你迈向自己的最高成就。

在下面的几章里，我会给大家展示一些通过自我训练来建立实用的习惯、增强灵活聚焦能力的方法。虽然对每个人而言，创造灵活聚焦的操作细节可能会有所不同，但是每个框架里都会有一些相似的基本元素，就好像所有的红色调味酱里都会有一些通用的基本原料一样。很多意大利菜的厨师都会挑选某种形式的番茄、橄榄油、洋葱、大蒜，再从百里香、薄荷或者牛至中选一样，这就是红色调味酱的 5 个基本成分。有些厨师可能会增加胡萝卜、芹菜和青椒，还有盐、胡椒，可能还有糖。但是没有厨师会去掉番茄、橄榄油和那些基本的香料。

灵活聚焦也是一样的。在我的配方里面，也有 5 个基本成分。我在自己人生的测试“厨房”里试验得出了这个配方，然后在过去的 30 多年中，在诊所里跟成千上万位客户和患者一起工作。我很喜欢这个配方，因为它给我带来了全神贯注的专注状态和灵活聚焦，让我感觉比享用了一瓶好酒或者一顿大餐更感到惬

意。如果你把意识看作一把小提琴，灵活聚焦的时刻就是我们最佳的演奏状态，也就是想法和信息沿着最小阻力之路顺畅流动的状态。

基本框架包含了下面的 5 个要素，当然你也可以在这个基本框架上增加其他喜欢的“风味”，但如果这 5 个要素中的任何一个缺失了的话，这个框架就会失灵。

1．能量。你需要监控大脑的能量供给，监控的程度至少不能低于你监控汽车油箱里的汽油或者银行账号里的钱是否充足那样。如果你能够采用我称之为“关键六项”的能量管理实践技巧——睡眠、营养、锻炼、冥想、认知刺激和人际联结，就会发现原来自己每天能够那么专注聚焦。而一旦放弃这种实践技巧，你的专注程度就会有巨大的流失。

2．情绪。热情驱动人们取得成就。如果你想要灵活聚焦的话，就需要学习如何调节自己的情绪状态。情绪可能会成为你高歌猛进的最好同盟，也可能会成为让你止步不前的最坏敌手。其中的秘密就是，你需要在一个高度信任且恐惧很少的环境里工作，在一个能让你尽情发挥自己才干、理解自己的引爆点和情绪弱点并且能够有效对其进行管控的位置上工作。

3．投入。为了在最佳状态下工作，你必须让自己上瘾或者全身心地投入。就像世界上最权威的巅峰表现专家之一吉姆·勒尔（Jim Loehr）所说的那样，打开涡轮增压模式，让我们开到最大速度。[12] 当在自己的兴趣区工作的时候，你最喜欢做的事情和最擅长做的事情，与能够给现状带来进展的事情或者人们付钱让你做的事情产生了重叠，这时候你最容易全身心地投入，而且欲罢不能。

4．结构。结构是个最简单的词，却具有最大的神奇效力。它可以为你扫清道路，就像砍刀一样为你在丛林中披荆斩棘。它能让你聚精会神，而不是持续不断地偏离目标。结构指的是你为自己创造的那个世界，为自己设计的那个工作，以及你自己主导去做的事情，而不是被引导或者在你身上发生的事情。灵活聚焦依赖于结构，而结构则依赖于规划以及把你在不知不觉中交出去的控制权重新拿回来。

5．控制。整个框架依赖于你如何去运用自己身上已有的控制，而不是让现代生活控制你。每个人都有着不同程度的控制，这取决于他们所在的情景，但是绝大多数人的控制能力要比他们所用的多得多。

在后面的几章中，我将会呈现更多展现出基本框架各个要素的细节。当你开始学习如何与自己合作而不是斗争，与自己同在而不是对立，创造那些能够营造聚焦和最佳表现的策略，学习比加倍努力更有效的补救方法时，就会真的发现，看似神奇的过程实际上会让步于理性的规划，并且能够创造卓越的成就。

08

生理觉醒

维持基本的健康和生理功能，
保持能量水平

有多少次，你被困在会议室里，哈欠连天、自己打自己、咬紧牙关或者咬舌头，为的是强打精神不睡过去？请注意，你的舌头并不喜欢你这么做。有多少天，你会到咖啡机那里往返数次，苛求咖啡因给你带来额外的能力？请注意，不要依赖咖啡因，它可能会有点帮助，但是并不能搞定一切。

大多数人早上醒来以后，可能会匆匆吃点早餐或者至少来点咖啡，然后才会去上班，并且假设自己能够持续地集中注意力工作一整天，不需要任何特殊的准备或者采取任何特定的措施来补充和维持自己的能量水平。这些人就是精神能量管理不善的标准范本。如果你也是这些人中的一员，不用感觉太沮丧，毕竟只有极少数人才能够教会别人如何调节精神能量，办公室里懂这些的人就更少了。星巴克、邓肯甜甜圈、红牛、山露汽水、可乐，以及其他很多本地品牌的药品分销商，都巴不得你头昏脑涨，但你的大脑和身体的其他部分其实并不希望这样。当头脑运转不良的时候，自然也就会表现不佳。

不要把能量当作理所当然的事情。如果能量不足，你就不可能机警灵敏；如果你不机警灵敏，就不可能有任何专注力。虽然较高的能量水平并不是高度专注的充分条件，但肯定是必要条件。当然，跟所有人一样，就算你对自己的能量水平什么也不做，你照样能顶下来一整天的工作。但是如果你想有比敷衍了事更好的产出的话，可以尝试一下我在本章里推荐的一些简单的做法。假以时日，这些做法会确保你的大脑持续处于最优的能量水平。

报纸媒体和网络上充斥着各种教你让大脑“后来居上”的诀窍，还有成千上万本正在出版中的流行书。它们中有的确实能够提供一些管用的方法，但是大多数实际上都是为了让你购买他们的产品。我测试过其中的很多产品，别的效果有没有我不知道，但它们肯定给了我波士顿地区最为昂贵的尿样。你肯定不需要这其中绝大多数的产品。大脑提升药物（Brain Booster）几乎已经变成营养界的整容手术：很多人花大价钱去尝试这些产品，并非因为它们有真正的效用，而是人们愿意相信它们有用。

让我感到很惊奇的是，我们很多人都对个人能量管理这么重要而简单的事情视而不见，直到我们真正昏昏欲睡、不知所云，或者犯了后果严重的错误之后才开始明白。但是，这里还有另外一个简单且重要的事实：你的身体比大脑知道得更多。身体比大脑更早地清除了你的能量状态，就仿佛身体有着自己的大脑一样。如果作为身体一部分的大脑本身对此并不在意，那么你又怎么可能表现出色、专注学习呢？

大概在一个世纪以前，威廉·詹姆斯就假设心智实际上服从于身体的命令，而不是反过来。更近一些时候，社会心理学家詹姆斯·莱尔德（James Laird）做了一个实验，把电极贴在被试的脸上，让一些人微笑，另外一些人皱眉头。然后，他询问那些人当前的感受。微笑的人说自己更开心，而皱眉的人说自己更愤怒。[1] 换句话说，生理状况在很大程度上决定了感受和思维的内容。

虽然管理你的身体和精神能量至关重要，但是它其实并不复杂，只需要你改变一下自己的某些习惯。高效的能量管理有两个基本元素。第一个同时也是最重要的一个，就是准备。让你自己能够有备而发，支撑你度过一整天，我将其称作“准备工作”（prep work）。第二个就是在一整天之内保持状态，我将其称作“现场工作”（field work）。大多数人都会更加重视现场工作，也就是在危机或者疲劳来临的时候应该做些什么。但是准备工作恰恰可以从根源上防止危机和疲劳的产生。

“关键六项”

准备工作依赖于“关键六项”。如果你能够做到本章和后续章节里所建议的内容，你的身体和大脑就会获益匪浅。如果你能天天做后面给出的每一个练习，你的大脑就会给你带来更多的灵活聚焦时间。

在你阅读后面两章的时候，可能会说“其实这些东西我早就知道了”。也许你确实已经知道了，但是你有没有利用自己所知道的东西呢？这里面的关键是，你要在日常生活里开始实践这“关键六项”，让身体和大脑能够支撑你的工作和休闲。这“关键六项”就是之前已经提到过的睡眠、营养、锻炼、冥想、认知刺激和人际联结。

我们只有做到最前面的三件事（睡眠、营养和锻炼），才能有基本的健康和生理功能，而后面两项（冥想、认知刺激）则会显著提升身体和心理健康水平。我们经常会忽视甚至逃避的是最后一项，也就是人际联结。但是，这恰恰是我的“秘密武器”，我认为人际联结比其他任何一项都更具有强大的力量，但是很多专家不是忽视就是没能够意识到它卓越的能量。

睡眠

还记得那个被多任务处理困扰的琼吗？她的专注力长期受损的原因之一就是不能得到足量的睡眠。她可能一直在尽力尝试改善，但是从来没能创造一个有足够睡眠、让身体和大脑有最佳表现的时间表。还记得那个过度焦虑的杰克吗？他剔除了睡眠，说“等我死了之后就可以拼命睡觉了”。他为自己这种漫不经心的态度所付出的实际代价要比他意识到的高出很多。

就像琼和杰克一样，许多人其实睡眠都太少，而这对他们产生了各种或大或小的伤害。如果睡眠不足对你而言是家常便饭的话，那么你身上促进食欲的激素——胃饥饿素（Ghrelin）的水平就会增高，而抑制食欲的激素——瘦素（Leptin）的水平就会下降。这就是为什么睡眠不足会导致发胖。同时，缺乏睡眠还可能会导致高血压，抑制免疫功能，增加罹患癌症的风险，也更容易得感冒。同样众所周知的是，缺乏睡眠会导致暴躁易怒、难以集中精力和记忆力的缺损。睡眠不足让高速公路成了非常危险的地方。大概有超过 60% 的成年人说他们在最近一年内有在驾车的时候发生昏昏欲睡的情况，而且其中超过 1/3 的人说自己真的在开车的时候睡着了——他们把自己、乘车的人和其他驾驶者都置于严重的危险之中。[2] 如果这还不够的话，缺觉还会让你的脸变得肿胀，变成很丑的样子。

不仅如此，如果你一直处于睡眠不足的状态，灵活聚焦是几乎不可能做到的。事实上，在这种状态下，你很可能会出现类似于注意缺陷多动障碍的各种症状。瓦特索·塔迦尔（Vatsal Thakkar）医生 2013 年发表在《纽约时报》上的一篇文章曾经描述了一位患者“有着所有注意缺陷多动障碍的经典症状：拖延、忘事、丢三落四，还有就是不能持续保持专注”。奇怪的是，这位患者的年龄是 31 岁，而且之前从未有过这些症状，这就跟注意缺陷多动障碍的诊断要求完全不符了。原来，这位患者的问题是长期的睡眠不足，而非注意缺陷多动障碍。在医生给他提供了一些能够促进睡眠的技巧之后，他的这些症状就都消失了。[3]

你能为自己的身体和大脑做的最好的事情之一就是保证足量的睡眠。睡眠是大补。就像莎士比亚看到的那样，睡眠能“编织起纷乱的思绪、生命中的死亡、疲惫不堪者的沐浴、伤心绝望者的安慰、大自然的第二道防线，以及生命盛筵上的主要滋养者”。莎士比亚明白睡眠对人们真的大有好处。“我并不反对啊，”你也许会这么回答，“我只不过是没有那么多时间去睡觉而已。我有太多的事情要做，并且还要留出时间跟家人在一起。否则，我一定会把工作中省下来的时间全都用来蒙头大睡。”

你需要重新设定自己的优先级来保证睡眠。科学证据也表明这非常值得做。最近这些年来关于睡眠的各种研究数量激增，大卫·K. 兰德尔（David K. Randall）在他的著作中做了一个鼓舞人心的总结：

> 今天的研究者们相信他们自己所在的领域正迎来黄金时代。睡眠现在被公认是一个非常复杂的过程，影响着我们所有的事情，从司法系统到如何抚养婴儿，再到从战争中归来的战士如何从创伤中恢复。同时，睡眠也是影响我们幸福的至关重要的部分之一。不管你是否能够意识到，晚上如何睡眠对你所造成的影响实际上要大于饮食选择、经济收入和居住地点。你的创造力、情绪、健康，以及快速学习新技能或者发现问题解决方案的能力，所有这些因素加在一起，也只不过是副产品，真正重要的是你每晚睡觉时脑袋里所发生的事情。这是每个人都要进入的世界，但是我们对此几乎一无所知……睡眠并非我们生活中的茶歇，而是蕴含着生命意义的那个确实存在的第三块拼图。[4]

必要的睡眠时长对每个人而言是不一样的，它因人而异。一个了解自己需要多少睡眠的方法就是，关注一下你能够睡多久而不被闹钟或者其他任何的外部事物吵醒。假设你在睡前不喝酒（酒精会扰乱睡眠），也没有因为过度疲劳而处于紧追慢赶的状态，那么你的身体会告诉你生理上需要多少睡眠，方法就是在达到所需时长的时候让你自然醒来。大多数成年人每晚都需要 7 ～ 8 小时的睡眠，而只有少数人需要更少或者更多的睡眠。

不论你怎么做，都不要认为睡眠是浪费时间、挥霍或者取之不尽用之不竭的蓄水池，可以从里面偷些来干活。请按照身体和大脑的请求去做：保证足够的睡眠。如果你现在处于睡眠不足的状况下，想要做到这一点，就需要开发一些新的习惯来保证睡眠。就短期而言，你需要自律，但是你将会很快看到成效，会有更强大的动力。作为立竿见影的回报，你会在醒来的时候感到自己更清醒、更敏锐，而不是想再多睡 10 分钟。你会感受到那种被我称作“清晨勃发”（morning burst）的状态，那种能量的涌动，能让你在早晨用一种生机勃勃、精力充沛的状态开始一天的工作。

你可以使用“良好睡眠卫生”（good sleep hygiene）的方式来让这个过程更容易。这里我列出了一些需要做的和需要避免的事情：

◎ 设定规律的上床和起床时间，你的大脑会逐渐适应这个节奏。

◎ 确保你的寝具都很舒适。

◎ 在床上只睡觉和享受性生活，不在床上工作。

◎ 在睡前关电视、洗个温水澡，还可以做一些阅读。

◎ 在上床睡觉之前 4 个小时之内不要饮用酒精饮品。酒精在开始的时候能帮助你入睡，但是随着浓度的降低，它会逐渐在深夜里让你醒来，并且可能会干扰极具价值的快速眼动睡眠阶段。

◎ 在上床睡觉之前 4 个小时之内不要大吃大喝。

◎ 在上床睡觉之前不要做剧烈的体育运动。

◎ 如果睡不着，不要在床上翻来滚去，可以下床到其他房间去看一会儿书。

大多数人在独自享用一张床的时候睡得更好。如果你的睡眠质量不佳，可能需要考虑一下是不是需要独自睡觉或者换一张更大的床。如果你的伴侣睡觉打呼噜、半夜会吵醒你，或者会来回翻身，你就得不到高质量的睡眠。1991 年一个发表在《婚姻和家庭治疗月刊》(*Journal of Marital and Family Therapy*) 上的研究发现，那些睡 / 醒周期相互冲突的夫妻比起其他夫妻存在更多的婚姻关系问题，包括更少的性生活、更少的相互交谈，以及更多的冲突。[5]

人们通常在午后会感到困倦，如果这个时候可以打个盹，能让你再次清醒很多。一些深谙此道的公司在办公室里设立了“打盹室”，员工们可以预订房间在里面小憩。如果你不喜欢打盹，也可以考虑冥想，效果跟打盹一样好。[6]

如果做过以上这些你依然有睡眠问题，可以尝试一下在睡觉之前播放一些舒缓的音乐。有个免费的应用程序叫作“Dreampad Sleep”，可以从手机上下载。我自己就用这个应用，它总会让我和太太很快入睡。另外，还有很多自然的助睡物质效果也不错，如缬草根、褪黑素，以及药店能买到的非处方药，如苯那君 (Benadryl) 或者泰诺夜间片 (Tylenol PM) 等。最后，你还可以使用需要处方的安眠药物，如安比恩 (Ambien)、舒乐安定 (Lunesta) 和曲唑酮 (Trazodone)。我强烈建议把处方安眠药作为最后的手段，直到不得已才使用。这些药物很容易成瘾，不像“良好睡眠卫生”和其他自然帮助那样安全。

你还可以找医生来咨询一下持续的睡眠问题，因为有很多医学和精神问题都有可能干扰睡眠，包括睡眠呼吸暂停、抑郁、焦虑障碍、关节炎、癌症、心血管问题、肺病、胃食管反流、甲状腺功能亢进症、中风、帕金森综合征、阿尔茨海默病，以及其他导致你起床去洗手间的医疗或者药物状况。不要自己给自己做诊断。在你去看医生的时候，试着找一些其他的解决办法，不要只依靠药物治疗。想想看当玛丽的医生给她开了百忧解的时候，她的反应是“至少还有点东西能帮上忙”，其实她需要的帮助比这个多得多。不要仅仅把睡眠本身当作问题来解决，而是要用更多的视角来总体考察大脑的状态。

营养

对于那些我在第一部分里提及的人而言，他们最初陷入僵局的时候，几乎都出现了营养方面的问题。有的人用食物进行自我治疗，比如琼每当感到压力大或者焦虑的时候就会暴饮暴食。而莱斯则用网络成瘾替代了健康的饮食，并且为此付出了高昂的代价。

这些年来营养是很热门的话题，而且确实事出有因。上一次我在亚马逊网站上搜索的时候，发现有 229 384 本跟饮食相关的书籍。营养这个主题从几十年前的边缘化位置，逐渐变成今天主流视野的关注对象。在最常见的社交场景中，你肯定会听见有几个人在聊他们刚刚参加的某个“清肠方案”，或者正在尝试某种营养品，或者刚刚从某个 SPA 馆回来，那里提供的素食味道非常棒。

为了防止大家浪费钱财并且糟蹋健康，在花钱之前做足功课确实非常必要。在今天的世界里，营养不再是可有可无的时尚话题，而是已经成为正逢其时的主流科学，并且被严肃对待。曾几何时，我们既不仔细监督自己摄入的食物内容，也不在意自己接受了多少来自不同源头的辐射流：太阳、电视屏幕、手机，以及谁都说不清的其他任何地方。但是今天已经是另外一番模样。

在今天想要生活健康，我们必须小心地监控从任何渠道进入我们身体的任何东西。有种说法叫“我们就是我们所吃的东西”。类似的说法还有“我们就是我们所呼吸、触摸、吸收或者用其他任何方法摄入的东西”。虽然无法全面控制所有的摄入途径，但是只要我们愿意去做，确实可以控制自己的饮食。

当饮食不健康的时候，大脑也会运转不良。很多人早晨醒来的时候，会喝上一两杯咖啡，吃一个贝果面包或者松饼，早餐就算吃过了，有的人甚至什么都不吃。然后他们在午饭的时候会吃一个巨大的三明治，外加一袋子多力多滋（Doritos），肯定还会再来一杯高糖的苏打水，然后坐在那里奇怪为什么下午的时候老是感到昏昏沉沉的。这就是吃高糖分食物的后果，之后我会有更多讨论。然后，他们晚上下班回家再吃一个汉堡包，配上一瓶或者三瓶啤酒，酒足饭饱之后就在电视机前尽情放松。虽然体重见长，但是大脑高效运转所需要的真正营养在迅速耗竭。

在大量的淀粉和糖类所造成的晕眩中，你不可能脑清目明、全神贯注。既然总是要吃饭，为什么不吃得尽可能健康，让自己达到最好的状态呢？真正的健康饮食是什么已经远远超出了本书所能够覆盖的范围。但是，我在这里还是想提几个最基本的要领。

就像需要足量的睡眠一样，吃正确的东西并不是什么艰难的事情，除非你真的非常贫困。我们最重要的是学到什么才是最好的，然后逼着自己真的那样去做。

在聚焦于大脑的营养之前，让我先强调几个饮食营养的普遍原则和建议：

1．吃完整的食物。

避开包装食品、处理过的食品或者长期存放的食品，除了几个例外，如罐头装的番茄。对你最好的食物总是最新鲜的，刚从地里、农场或者海洋里取出来的。针对饮食健康最为严谨的研究所得出的结论是，素食是最健康的。研究者们考察了中国超过 100 个村庄里人们的饮食习惯，他们的结论不仅是素食最佳，还指出摄入足够的蔬菜和自然完整的食物跟身体健康具有高度的相关性。[7] 如果你做不到或者不愿意完全素食，那就越接近越好。

2．充分吸收你摄入的食物。

很多人在一天开始的时候会喝一杯温水，有时在里面放一片柠檬来帮助自己更好地消化食物。我有个中年朋友在开始自己打果汁之后，也迅速地发现了身体的改变。

她买了一台强力的蔬果处理机，把整个水果（蓝莓、苹果、半个香蕉、半个柠檬）和蔬菜（胡萝卜、黄瓜、菠菜、生姜）都扔进去，然后再加一勺螺旋藻、一勺蛋白粉、一包自然的甜叶菊甜味剂，还有水，最后把它们搅拌打碎在一起。她说："我会在早晨喝一大杯，然后在这一天的其余时间里把它当作零食来继续补充。午餐我会吃一份健康的沙拉，晚餐则吃得很少。在我刚开始这么做的第一周里，就注意到了自己的能量水平、专注力和工作效率都有了很大的提升，并且体重还下降了！"

3．尽量少吃红肉。

如果你必须吃红肉的话，那就去买有机的草饲牛肉、水牛肉或者鹿肉。用鱼肉、猪肉、鸡肉、豆类或者其他富含营养的蔬菜来作为营养的主要来源。别再一顿饭干掉一整个大牛排了，换个办法，炖一块牛肉，切一个角下来，当作沙拉的一味配料就可以了。很多人建议从食谱中剔除牛肉，以及猪肉、鸡肉，甚至鱼肉。我自己是吃这些肉的，但是你有权决定自己的饮食。

4．考虑一下无麸质饮食（Gluten-free）。

我采用无麸质饮食的时候，前 6 周就减重了 10 千克，并且保持至今没有反弹。我同时觉得自己的头脑也比以前更加机敏了。这听起来像是一个很大的调整，但实际上无麸质饮食并没有那么难以做到。你只需要去除任何含有小麦、麦芽、黑麦和干小麦粉的食物，也就是说你需要放弃大多数的面包、蛋糕、曲奇、饼干、通心粉、啤酒、酱油和其他一些食物而已。[8]

5．考虑一下剔除乳制品。

有的专家强烈建议把从牛奶到奶酪还有冰激凌等一切乳制品都从你的食谱中彻底清除出去。我认识的一位营养学家就劝过我不再吃乳制品，但是截至目前，我还没有这么做。你可以把自己的身体当作实验室来尝试一下，试试看感觉如何。

6．吃本地产的食物。

尝试去吃本地产的没有激素、抗生素、杀虫剂以及其他化学添加物的食品。如果你曾经读过那本让人耳目一新的《快餐国度》（*Fast Food Nation*）或者看过那部得奖的纪录片《食品公司》（*Food Inc.*）的话，恐怕就已经明白你需要避开所有大型食品厂商的产品和那些知名的大品牌，要尽量支持那些你知道并且信任其来源的食物。食物中那些诸如激素、防腐剂等被我称作"大农场剂"的化学添加剂都会毒害我们的健康，并且可能会阻碍身体吸收我们所摄入的营养素。因此，吃那些不含这种有害化学制剂、添加剂或者污染物的食物是完全合理的行为。不论你从哪里购买食物，都不妨对它们做些研究，它们从哪里来、里面都有些什么东西。如果你有条件，可以在自家后院安装几个种植槽，种一些新鲜的蔬菜和水果。如果没有条件，那就到你知道的质量好的地方去买菜。

7．服用正确的补充剂。

《哈佛男性健康观察》杂志（*Harvard Men's Health Watch*）2012 年 4 月有篇文章提到，半数的成年美国人都在服用至少一种饮食补充剂。[9] 因为补充剂并不受美国食品药物管理局的管制，所以售卖补充剂要比售卖药品容易很多。它们往往成本低廉，因而可以获取暴利。2010 年，美国人总共花了 280 亿美元来购买各种补充剂。这些钱大多数都花在了“死马当活马医”的盲目希望和那些看上去可信诱人、带有欺骗性却毫无科学事实依据的广告上了。根据同一期的哈佛报告，即便是那些多重维生素也不值得我们去花这么多钱。对于成人而言，哈佛报告中建议我们每个人每日维生素 D_3 的摄入量是 1 000 国际单位（IU）；男性每日碳酸钙或者柠檬酸钙的建议摄入量是 1 000 毫克，女性需要更多一些；对欧米伽 -3 脂肪酸、DHA、EPA 的每日建议摄入量也是 1 000 毫克。在服用这些补充剂之前，请先跟自己的医生谈谈，但是在大多数情况下，你的医生都会同意你服用这些东西。如果你认真地遵循我在这里给出的营养饮食建议，你的身体就会更加有效地吸收这些营养素，也就不需要再服用任何保健品或者补充剂了。

时至今日，采用这些饮食建议的不再只是狂热的环境保护者或者幻想家了。我们大家都需要为自己的健康和公共的健康，尤其是保持头脑的敏锐而这么做。

为了确保大脑专注且精力充沛，你还需要监控另外一个很关键的食物的全天摄入量——葡萄糖。葡萄糖是大脑的主要能量源。如果能够在一整天里保持血糖水平稳定的话，你就最有可能保持持续稳定的专注力。

不幸的是，大多数人的饮食方式导致他们的血糖水平就像过山车一样忽高忽低。当你的每一天从咖啡、贝果面包和松饼开始的时候，你的胰腺就会分泌出大量的胰岛素来处理糖分（葡萄糖）的负荷。吃这些食物的时候，你的血糖指数会飙升，但当胰岛素起作用的时候，它又会一落千丈。在血糖水平骤降之后，你就会去寻找咖啡因和碳水化合物来提升能量，然后这个循环再次开始，在一天里往复好几次。

你有没有想过为什么星巴克和甜甜圈的店铺会布满每一个街区的角落？为什么他们会把咖啡和富含糖分的食物一起售卖？没错，恰恰就是因为这个循环的存在。咖啡因和糖分的卖家们深谙此道，所以他们是这个星球上最危险的“合法毒品”提供者，因为大多数人对这种危险毫无知觉。

在午餐之后，尤其是富含淀粉类碳水化合物且缺乏蛋白质的午餐之后，血糖的升降循环就又运行了一次，然后就到了众所周知的午后三点打盹时间。你可能认为自己只是因为生物钟的原因下午会犯困，或者希望自己生活在一个下午小睡是习俗惯例的国家中。但其实恰恰相反，你完全可以通过在午餐里增加蛋白质来稳定血糖，避免下午的头昏脑涨。如果你确实觉得疲惫，可以做点身体运动，然后吃个苹果或者香蕉，或者喝点剩下的自制水果蔬菜汁，也可以打个小盹。

确保在全天有足够的营养支撑大脑功能的基本原则是，竭尽全力防止血糖的升降变化。吃带有蛋白质的早餐和营养均衡的午餐。用身体锻炼和小点心来对应下午的困倦。多吃新鲜水果、蔬菜，给大脑提供更多必需的微营养素。

与此同时，你还需要注意咖啡的摄入量。全世界大概有上亿人每天都离不开咖啡，就像之前案例中咖啡因成瘾的杰克一样。从任何合理的角度来评估，咖啡因都是一种能够帮助人提升能力的药物。有个研究表明，每天喝 4 杯咖啡的女性跟不这么做的人相比较，患抑郁症的风险要低得多。[10] 如果使用合理，咖啡因就是我们的好帮手。一杯咖啡能显著提升你的专注和快速思考的能力。但是别喝太多，也别对咖啡因形成依赖，最好用这里介绍的“关键六项”来保障你的精神能量。

那么喝多少咖啡才算是太多呢？如果你身上出现了显而易见的症状，如血压升高、心率加速、焦虑易怒、恶心呕吐、头痛、晕眩或者失眠，那就说明你喝咖啡太多了。咖啡因是一种利尿剂，也就是说它会让你比平时排更多的尿，但是这个连带后果在一定程度内还是可以接受的。咖啡因同时也是轻泻剂，这在一定程度内也是可以忍受的。如果突然停止摄入咖啡因，你则需要多注意一下。因为不是循序渐进地减少咖啡因的摄入量，有可能会引发剧烈的头痛。

因此，应对咖啡因的要领就是：少量有益，切勿过多。每天喝 2 ～ 3 杯咖啡是一个比较适度的量。这是我最喜欢的帮助提升专注力的药物，我很少不喝咖啡就出门。

锻炼

我在第一部分讲到的几位主人公，表现最好的时候都是他们身体最活跃的时候。想想看杰克在大学的冰球场上虎虎生风的时候有多开心和成功，或者莎伦在成年过程中是多有天赋的一名运动员。

现在已经有充分证据证明，体育运动可以增强大脑的功能。举例而言，2011 年伊利诺伊大学用 4 组老鼠做了一个实验。一组老鼠被给予皇帝一样的待遇：坚果、水果、奶酪，应有尽有，居住的笼子里还有很多色彩斑斓的玩具。第二组老鼠的待遇相同，但是笼子里还有一个跑步轮。第三组老鼠则很可怜，它们的笼子里只有乏味的粗磨粉、水和垫子。第四组老鼠的待遇跟第三组一样，但是多了一个跑步轮。之后，研究者们对这些老鼠做了一些认知能力测试，并且研究了它们的大脑组织。结果表明，奢华的玩具和饮食并不能提升老鼠的脑力，唯一能够造成显著差异的就是跑步轮。跟笼子里没有跑步轮的老鼠相比，能在轮子上跑步的老鼠有着更健康的大脑，在认知能力测试里的成绩更好。[11]

如果你需要更多令人信服的证据来说明锻炼能让你的生活恢复生机和让大脑重获活力，可以看看我的好朋友和同事约翰·瑞迪（John Ratey）和埃里克·哈格曼（Eric Hagerman）写的《运动改造大脑》（*Spark*）。① 在这本书里，瑞迪解释了锻炼是如何帮我们对抗情绪障碍、注意缺陷多动障碍、成瘾、更年期，以及阿尔茨海默病等各种问题的。他证明了大脑的工作方式跟肌肉如出一辙：用进废退，在使用的时候越来越强健，在不活跃的时候就会萎缩。他得到的研究结果是决定性的。[12] 锻炼毋庸置疑是最好的大脑补品之一。如果每个人都能有足够的运动量，那么我们在精神方面乃至整个医疗领域的药物使用量都会有显著的下降。

我能猜出来你现在心里想的是什么，“我知道，我确实应该去跑步机上练练”。但是这个想法让你感到无聊透顶。老鼠们实际上很喜欢在跑步轮上跑，但是对于包括我在内的大多数人而言，即便是想想锻炼都会感到不开心。锻炼并不是什么有意思的事情。它花时间，还会让你大汗淋漓，身上有味道。即便你真的坚持锻炼了，也没有太多可以拿出来晒的东西，因为跟那些高水平的跑步者和健美者相比，你依旧模样平平。最终你学会了放弃，不再梦想着自己能跟他们一样。那些人天赋异禀、成就超卓，拥有完美的身体，并且正在为夏威夷的铁人三项赛进行训练，你知道自己不属于那类人。那么你还能做些什么呢？

这里面的秘密就是，让锻炼变得好玩。你可以跟朋友们一起锻炼，找个也想让锻炼成为日常生活一部分的人做搭档，一起制定一个晨跑或者晚间散步的计划。如果你们中的一个人有只狗，那就更好了。冬天外面天寒地冻也没关系，多穿点衣服一样可以锻炼。另一个把运动融入你日常生活节奏的方法是保留一些体育比赛项目的时间。我每周四下午都会跟朋友们一起去打壁球，已经坚持了 32 年。这是个既能够锻炼身体，又能够增进友谊的好办法，要知道友谊对你的大脑也益处颇多。

① 该书阐述了运动如何帮我们提升学习效率，对抗压力和焦虑。其中文简体字版已由湛庐文化策划、浙江人民出版社出版。——编者注

还有一个方法，但比前面的方法都要昂贵很多，就是找个教练跟你一起练。找教练的好处是，既然你花了钱，肯定就会逼着自己按时去练，而且教练不会眼睁睁地看着你磨洋工。

2003 年，我做了髋关节置换手术。在经历了数周的理疗之后，我开始跟一个名叫西蒙·萨尔茨曼（Simon Zaltsman）的俄罗斯教练一起训练，他改变了我的人生。萨尔茨曼已经 60 岁出头了，但是身材还像铁塔一样结实。他不仅是一名世界级的运动员，还是一位顶级的数学家。自从他来到美国之后，就一直在做教练。

萨尔茨曼的特别之处在于他头脑极为聪明，而且有一种古怪的幽默感。虽然每次训练我都很累，但是从未感觉到无聊。比如，在我们第一次训练的时候，他让我做一些举重的练习。在某一个阶段，我呻吟了一下以示抗议："哦，上帝！"他用浓重的俄国口音尖锐地回应："这个时候，上帝一点也帮不了你！"

尽管我很懒，而且不喜欢锻炼，但依然很期待去上萨尔茨曼的训练课。我知道他会让我在忍受这场"有益的酷刑"整个过程中都充满快乐，并且让我的身体获益匪浅。2013 年，我的另一侧髋关节也做了置换手术，但是跟之前 2003 年那次相比，这次的恢复要快很多，这都要感谢萨尔茨曼跟我一起做的那些努力。

还有最后一点。请牢记性生活也是一种运动。性行为可以提升你的心率和新陈代谢水平，让大脑充满氧气，让身体产生很多有益的激素。

09

激发心智

维持心理和精神健康，提升认知功能

让我来跟你分享一下我是怎样最终战胜烟草成瘾的故事吧。1990 年的时候，我觉得自己再也不能等了，必须要立刻戒烟。从高中起我就开始抽烟，一直都戒不掉，但是当我的女儿露西出生的时候，戒烟就变成当务之急了。

有几次我曾经试过硬生生地停止吸烟，但是每次都会崩溃。后来我在波士顿附近找了个被称作“疯狂俄国人”的大师来帮忙，他用催眠疗法来帮助人们戒烟，听说效果非常不错。虽然他声名远播，而且他的催眠对很多人都起了作用，但是对我而言，除了荷包变轻之外我没有看到其他任何效果。

后来，我去找了个行为治疗师，他跟我说如果我能够严格遵守他的指令，就能够成功戒烟。他给我的指令是这样的：“你可以放心大胆地抽烟。但是，在抽下一根烟之前，你必须往一个特定账号里存一分钱，再下一根烟存两分钱，再下一根四分钱。每多抽一根烟，就要加倍往里面存钱。将来把这个账号里的钱全部捐赠给慈善机构。”如果你做个数学计算，就知道只要抽 30 根烟，我就需要捐赠 5 368 709.12 美元。很显然，我没办法遵从这个行为治疗师的指令。我觉得羞愧万分，觉得自己是一个坏人、一个成瘾者、一个软弱不堪的人、一个糟糕的丈夫，以及一个糟糕的父亲。

后来我又去找了针灸治疗师。我很害怕扎针，但为了戒烟什么罪都肯受。最让我感到不可思议的是，我竟然很喜欢被扎针的体验。纤细如丝的针插入体内带来的是内啡肽释放的快感。我躺在治疗室的床上，耳边播放着轻柔的音乐，会慢慢进入非常舒适的想象中。我很期待每次预约的时间，非常虔诚地准时前往，每周两次，坚持了 12 周。我真的很喜欢针灸！但是它没让我戒成烟。

然而，针灸刺激了我的胃口，让我想要得到这种扎针带来的快感。长跑和冥想都能产生类似的效果。因为我很懒，宁可去学中文也不愿意跑步，于是我选择尝试一下冥想。

冥想真的有效果。我成功地戒烟了，并且已经 20 多年没抽一根烟了。

冥想

你可能已经听说过无数个冥想带来的好处了：降低压力水平和血压、提升能量水平和认知能力、让人更宁静和幸福。但是，实际上冥想带来的好处远比这些要多。除了帮助我解除了对尼古丁的依恋之外，冥想还用很多令人惊奇的方式给我们带来了帮助。新的研究也证明，冥想能够让人在心理方面表现得更好。那些深受焦虑、成瘾、抑郁和饮食障碍困扰的人都从冥想中获益匪浅。冥想甚至能够提升人的领导力技能。迈克尔·卡罗尔（Michael Carroll）在《正念领导者》（*The Mindful Leader*）中提出了一整套运用冥想来帮助领导者提升管理技能的训练过程。[1]

我在这里并不想重复那些众所周知的东西，而是想要说服你把某些冥想练习融入日常生活中。如果你还没有这么做的话，投入一些资源到自己能够学到更多东西的地方，让自己能够一路走下去。当我建议别人尝试冥想的时候，常常听到类似的拒绝："好吧，我听说过冥想，这是一个古已有之的实践。我知道很多高大上的人花很多钱，跑到山庄里找个垫子一坐就是好几天，甚至几周，除了喝水和吃点素食什么都不做。我也知道这么做对我有好处，就像每天喝一杯麦草汁、做两周的清肠对我有好处一样。但是抱歉，我现在还没准备好呢。我喜欢带芥末的热狗，也喜欢烤干酪辣味玉米片，我更喜欢看着电视机放松，而不是冥想。说实话，估计等到世界末日来临我也不会去冥想。"

过去我对牙线也是这个态度，但是现在我天天用牙线。我用牙线的习惯始于询问牙医我是否真的需要用牙线。他的回答是："你只需要在你想要留下来的牙齿上用牙线。"于是，我就开始认真地用牙线清洁牙齿了。此外，我现在每天都要做一到两次冥想，不是因为我应该去做，而是因为这么做让我感觉非常好。除此之外，我还跑去学了好几种冥想的方法，这让我自己都感到挺惊讶的。

所有冥想实践的核心要素实际上都非常简单。你待在一个没有干扰的屋子里，坐在一个令你舒适的椅子上，双脚放在地板上，双手放在扶手或者膝盖上，舒服就行。然后闭上双眼，关注自己的呼吸。吸气，呼气，吸气，呼气。你观察自己的思绪飘过，就像叶子从河水上漂过一样，但是不做任何评判，也不去行动，就是平静地观察它们飘过。你把自己从意识的洪流中尽可能地脱离出来，不主动去做任何事情，只是聚焦于自己的呼吸，漠然地看着思绪在意识中飘过。

这就是冥想。大多数专业人士每次冥想可能会超过 20 ～ 30 分钟，但如果你每天做两三次，每次 3 ～ 5 分钟的话，也会感觉自己比之前的体验更加良好。你会更容易专注，各项关键的生理指标，如血压、心率、呼吸节律和体温等都会下降。

认知刺激

就像冥想对你的身体和大脑都有好处一样，精神上的刺激也会带来各种各样的好处。当你尝试全新的事情或者用前所未有的方法来做每天例行的事情的时候，就是在挑战自己的大脑。你不仅在增强自己维持专注力的能力，而且在延缓衰老过程，包括痴呆的过程。

一个显而易见的挑战脑力的方式就是报名参加一些从来没有尝试过的课程。我的一个朋友，本来对音乐所知无几，却在50多岁的时候决定开始学习弹钢琴。她告诉我，在学习读谱子的时候，大脑被刺激得就像是“着了火一样”。我的另一个朋友已经掌握了好几种语言，谈到在每次尝试学一种新语言的时候也有这样的感觉。

你可以在慕课（MOOC，网上公开课程）上找到很多免费课程，都是来自哈佛大学、麻省理工学院、约翰·霍普金斯大学或者加州大学伯克利分校等精英学校的著名教授的课程。或者，你也可以去网上找个发人深省的TED演说听听看。还有很多可以作为“大脑健身房”的网站，如“动动脑”（Lumosity）或者“脑力王国”（Neuro Nation），里面有很多大脑的挑战练习。

你还可以通过玩各种各样的电子游戏，来增强自己各个方面的认知功能。举例来说，Cogmed是一款基于扎实的研究证据的游戏，能够改善当前的工作记忆，也就是你在当前的任务中能够存储多少信息。如果你每天玩Cogmed超过半小时，每周5天，连续5周，就能够确保自己的工作记忆飙升。或者，你可以尝试一下HeartMath公司的产品emWave，这也是一款有研究证据支持的产品，可以降低你的焦虑程度。

帕特里夏·马克斯（Patricia Marx）在《纽约客》上写过一篇针对这些产品的评论文章，里面还介绍了一款她自己体验过的产品，BrainHQ。体验结果用她的话来说就是，她并不觉得自己“聪明到了能够跟哈罗德·布卢姆（Harold Bloom）约会的程度”，也并没有享受到游戏体验的乐趣以及得到收益。但 BrainHQ 的创造者迈克尔·默策尼希（Michael Merzenich）告诉马克斯，她能获得“至少能持续好几年”的益处，之后或者会回到原点，或者需要她重新注册新的课程。[2]

当然，生活中还有很多其他挑战你大脑的办法。如果你平时驾车只用自动挡，那就试试开手动挡的车；如果你惯用右手，那就试试用左手来书写或者使用鼠标；还有一手画圆一手画方，然后两只脚同时画三角形。这个确实非常难！

最好的方法是形成时不时挑战大脑和训练专注力的习惯。这里给出一个你能用电脑里的文字处理程序来制作的脑力提升程序。画一个 5×5 的表格，然后把 1 到 25 随机地写到格子里去，每个格子一个数字（参考图 9-1）。

17	4	5	12	22
8	1	11	16	3
2	20	14	19	7
18	24	9	10	13
21	6	15	25	23

图 9-1 大脑挑战游戏板

然后，找一支笔，从 1 开始，按照顺序点击每个数字直到 25，越快越好。给自己计时，然后再做一次，这次用相反的顺序，从 25 降序一直到 1。你可以打印出 10 张有这种格子的纸，每次做完一个表格，趁你还记得那些数字的位置，就用数字填满下一个表格继续做。这是一个非常好的练习，既能训练专注力，又能让大脑更具有灵活性。

这里还有另外一个练习。看一眼你的桌子，然后移开目光。找一张白纸，在上面画出来你桌上所有的东西。你也可以看同事的桌子而不是自己的，然后把这一切都画在一张白纸上，这样做的话更具有挑战性。或者在家里，打开橱柜，花一分钟仔细看，然后关上橱柜尽可能多地画下看到的东西。

约翰 · F. 肯尼迪（John F. Kennedy）在等戏剧开场或者飞机起飞的时候都会玩一个游戏。随机找 7 个字母写成竖直一列，然后在每一列再写下 7 个随机的字母。举例来说，一个字母的矩阵可能是这个样子的：

F. N.

B. P.

N. L.

E. C.

M. M.

R. W.

T. A.

现在，每行的两个字母都是一个名人的名字缩写，你需要尽可能多地写下符合要求的人名来。例如，第一行的 F.N. 可能是弗罗伦斯 · 南丁格尔（Florence Nightingale），E.C. 可能是 e. e. 卡明斯（e. e. cummings），M.M. 则可能是玛丽莲·梦露（Marilyn Monroe）。我说这几个名字是因为我立刻想起来的就是这些了，你可以把余下的任务都完成。你还可以自己想出另外两列字母，开始一个全新的游戏，或者把难度提高，增加第三列字母，这样就需要填写名字、中间名和姓了。

当然，还有纵横字谜游戏和让人抓狂的数独游戏。我说数独游戏让人抓狂，是因为我自己的水平很差。有太多的网站给出了认知刺激和大脑训练的内容。多少才算是太多呢？如果去谷歌搜索“在线认知刺激网站”，你大概能得到 640 万个结果。在亚马逊网站上，搜索“大脑游戏”可以找到 8 038 个结果，而搜索“认知刺激”则可以找到 2 267 个结果。一旦你明白了里面的基本诀窍，就可以创造更多自己的脑力挑战游戏了。这本身就是一个挺好的智力挑战。

我在写作时使用的另一个强力工具是音乐。多年以来，我都在写作的时候听古典音乐。我的理论是，音乐能够占用我大脑中那些原本可能让我分心的部分。一位来自英国的曾经是摇滚音乐家而后成为科学家的研究者，把这种对于音乐的看法提升到了科学实证的高度。他创造了一些专门为了让聆听者不投入的音乐。令人惊奇的是，如果你聆听这样的音乐，并且同时在写东西，注意力竟然会集中很多。我发誓这个效果非常明显。我在写这段文字的时候，就是在聆听他的音乐。

10

人际联结

从人际关系中获取归属感，提升自我效能

人际联结是最强大的力量，能够促进成长、健康、成就和愉悦。用最精练的语言来说，我们称之为“爱”。如果散布开来，我就把它称作“联结”，一种感到自己获益于一些比自己更伟大的存在的感觉。

虽然联结的力量非常强大，但它平时往往被当成多愁善感的情绪而被人们忽视、蔑视或者被视为软弱的表现。人们更偏爱那些看起来力量强大的驱动力，如勇气、自律、牺牲，以及努力工作。虽然这些驱动力也非常重要，但如果不是在联结的背景下运用，往往会失去大部分的力量。

再次引用马修·利伯曼的话：“人们往往用这样的一种口气说话，好像自己的公司、职务或者办公室仅仅是为了挣钱和帮助公司提升利润的地方。这种相互对话是以自我利益为准则的，相信人类的驱动力完全来自对自我利益的追求……我们已经被这种观念狂轰滥炸了多年，于是这种视角变成了我们在工作场景下唯一能够使用的对话视角。但是这种视角是错误的，因为它错误地理解了人性的本质。”[1] 我们应该采用的对话视角，也就是符合我们先天本性的视角，就像利伯曼所证实的那样，应该是关于联结的对话。

“联结维生素”

任何类型的联结，不论是跟人类还是跟无生命的事物，如一首诗、一把最喜欢的椅子、一片草地、一个湖泊、一个想法、一个信条、一个目标或者一个传统，所建立的联结，都是最便捷和最高效的步骤，它不仅能够促进头脑的清晰和聚焦，同时也能促进健康、幸福和效率。就是这么简单。人生中没有其他任何东西能跟联结一样，给我们带来如此丰富的产出了。同时，也没有什么比失去联结更让我们痛苦难熬的了。

我把联结称作“另一种维生素 C”或者“联结维生素”。对于生命而言，它的作用跟第一种维生素 C，也就是抗坏血酸，是一样必不可少的。没有维生素 C，人们就会因为坏血病而死亡。而没有“联结维生素”，人们就会痛苦万分，不仅是情绪上的痛苦，生理上也会痛苦。

在尼古拉·齐奥塞斯库（Nicolae Ceauşescu）统治时期的罗马尼亚，曾有一些儿童被收入孤儿院。齐奥塞斯库的统治直到 1989 年才结束。那时生育控制不受法律保护，很多父母会把自己不想要的小孩送到那些条件极为恶劣的机构里去。因为人手不足，没人会去爱抚或者拥抱这些孩子。所有的孩子被强制进食、洗澡和上洗手间，采用同样的时间表。婴儿的尿布没人换，导致他们经常长疮。那些有点调皮的小孩会被绑在童床边上，十几个甚至几十个人住一间屋子。研究者发现，跟在正常环境中被抚养长大的儿童相比，这些儿童的大脑白质更少，或者说覆盖脑神经细胞体的重要脂肪的量更少。[2]

然后再想想那些监狱囚犯、年老的人、精神病人和其他缺乏“联结维生素”的人是怎样的情况。缺乏联结的人会逐渐走向死亡，而且他们的思维呈现一种无法表述的形式。一般情况下，死亡证明上列举的死亡原因有：癌症、中风、心脏病、感染，以及其他一些类似的原因。但是这些疾病所代表的仅仅是最后一击的致死原因，实际上背后还有更为久远的隐含原因，始于孤独、抑郁、嗜睡和疲惫，所有这些都是由失去联结的感受衍生出来的。

也许你还在怀疑缺乏“联结维生素”是不是真的这么要命，那么不妨想想哈佛大学公共健康学院的教授莉萨·伯克曼（Lisa Berkman）所做的研究。伯克曼领导了一个颠覆医学学院领域的研究。这个研究最早在20世纪70年代开始进行，证实了人际隔离是跟吸烟、肥胖或高血压同样危险的、导致过早死亡的要素。最初，有些专家对这些研究表示质疑，但是现在这个结果已经被全世界很多地方所复制，并且被公认为事实。作为最早发现隔离和死亡之间联系的社会科学家，伯克曼确认了一些我们自古就已经知道的知识。在古代最为残酷的刑罚是流放，跟死亡相比，大家更惧怕这种刑罚。

伯克曼继续她的研究，揭示了缺乏人际支持对于个人的健康和寿命所造成的各种各样的问题。她发现人际支持必须具有某种特定的质量才能产生效果。用她的话说就是：“人际支持想要达到能够促进健康的程度，必须能够提供一种归属感和亲密感，同时还必须帮助人们增强能力和提升自我效能感。”[3]

“联结维生素”的魅力可以说是无与伦比的，因为它并不花费金钱，而且不会耗竭，还比其他任何单独的力量更能改善人们的生活。但是大多数时候我们都与其擦肩而过，就像对待阴沟里的一个啤酒瓶那样，几乎不会注意到它的存在。普通人对于这种“维生素C”的力量不以为意，而真正聪明的组织却深谙此道。举例来说，软件公司SAS鼓励员工带着配偶和孩子一起来吃午餐。亚特兰大市和佐治亚州的房屋管理局把它们办公室的工位隔断降低，让员工们能够相互看到对方，继而在士气和产出两方面都得到了明显提升。哈佛大学化学系在开始营造更为注重人际联结的文化之后，发现抑郁和自杀的人数有了显著的下降。[4]

就像我之前提到过的，尽管我们现在生活在一个“超级电子联结”的时代，但是人与人之间正在慢慢失去联结。尼古拉斯·克里斯塔基斯（Nicholas Christakis）和詹姆斯·富勒（James Fowler）在《大连接》（*Connected*）一书中报告了他们对 3 000 个美国人随机样本的研究。他们把人际联结定义为人们愿意跟对方谈论重要事件或者愿意花时间跟对方待在一起的关系，然后把研究美国人有多少亲近的人际联结作为入手。他们发现“平均每个美国人和 4 个人关系密切，而大多数人和 2 ～ 6 个人关系密切。遗憾的是，12% 的美国人认为没有人能够跟他们商量重要的事情或者共度休闲时光。而在另一个极端，5% 的美国人有 8 个关系密切的人”。[5]

接着，克里斯塔基斯和富勒解释了一些他们在对社交网络研究过程中发现的发人深省和令人大跌眼镜的现象。举例而言，社交网络的一个特征是传染性，各种各样的情绪、习惯和行为都会在人群中散播，影响的不仅仅是相互直接认识的人，甚至还能波及朋友的朋友的朋友。尽管经过了三度影响之后，效果会有所衰减，但是我们之中的大多数人对于朋友的朋友的朋友的感受和思维一无所知，而这则很可能会对他们的生活产生显著的影响。“考察了超出直接接触之外的联结之后，我们发现这种人之间相互影响的简单倾向却有可能产生巨大的后果。”[6]

因此，联结不仅对你是有好处的，同时还需要你明智地选择与何人为伍，当然你也需要明白自己并不能控制你的朋友或者朋友的朋友会选择跟谁做朋友。“社交网络倾向于对其中的任何东西进行放大”，不论是愉悦或者乐观，还是肥胖、抑郁或者暴力，因此最好尽可能地搞清楚跟你相处的人到底是怎样一番模样。[7]

积极能量能够传染，笑容对我们有好处，这些现在都已经被认为是经过验证的事实。克里斯塔基斯和富勒引用了一个研究，说如果餐厅招待“服务的时候带有笑容，他们的顾客就会对服务感到更加满意，于是小费也就给得更多”。[8] 不仅如此，另一个针对 33 名职业板球运动员的研究用电脑记录了他们在比赛时的情绪状态，基于这个研究得出的结论是，“在选手的自身幸福感和队友的幸福感之间存在很强的相关性，跟比赛本身的情况毫无关联。当一个选手的队友们更开心的时候，球队的成绩就会提升”。[9]

这些科学研究的结论都是鲜明的，于是实践中的问题就变成了如何才能在生活中建立很多联结。好消息是这实际上很简单，只要你真的去严肃对待就行。为了给你提供一个如何去做的参考，这里有一个 10 步方案，告诉你怎么才能每天都有这种“联结维生素”可以用：

1．一起吃饭。

每天都找个人一起吃早饭、晚饭，哪怕是下午茶。如果你独自生活，那就找个人一起吃午饭。建立起每天跟人相处、面对面人际联结的习惯，而不是只用手机来发信息。

2．留出时间来做爱。

我在治疗过程中最常听到的对性生活的不满是人们没有留出时间来做爱。如果你有伴侣，那就留出时间来做爱。性从各个角度来说都对你有好处，不论是可度量的还是看不见的维度。如果你正在体验性高潮，就不可能产生抑郁、愤世嫉俗、悲伤、愤怒，或者其他负面的情绪。

3．经常看爱人或宠物的照片。

在钱包或者提包里放上你所爱的人或者宠物的照片，并且如果可能的话，在你的工作地点也放上这些照片。

4．不要独自焦虑，最起码不要太长时间地独自焦虑。

当你焦虑的时间比较长的时候，就打电话给别人、跟别人喝杯咖啡，或者到别人的办公室里聊聊天。找个逻辑清楚的人讨论你的焦虑，把自己心里想的事情都说出来。当你独自焦虑的时候，它很快就会开始变得有害。恐惧开始让你寸步难行，智商也急转直下。当你跟另外一个人相互联结的时候，立刻就会感到不那么脆弱，而是更加有力量，虽然有可能你的处境本身并没有出现任何的改观。然而，你深思熟虑应对这些问题的能力却提升了很多。

5．除了上下班的路上，还要每天至少一次到室外去走走。

敞开心扉，面对大自然。仰望晴空，感受这种敬畏之心。蓝天白云、阳光明媚实际上要比来杯鸡尾酒更让人振奋。汲取这些神奇的精神营养素，不仅能让你精力充沛，而且它源自大自然，无须付费。

6. 养只宠物。

宠物是供给“精神维生素”的大师。如果你没法自己养宠物，那就尽量找其他的方法跟动物建立一些联结。弗洛伊德就养了一只叫作乔菲的松狮犬。他对这只狗宠爱有加，甚至在做精神分析的时候也把它留在诊室里，因为他相信乔菲能让客户们更放松镇定。

7. 在工作场所里找个死党。

即便这可能会减少你的工作时间，还是要尽可能去经营这段关系。假以时日，这段友谊的价值便会显现出来，不仅能够提升你的产出，而且让你更愿意上班。在公司里有个至交死党，可能会让你觉得周一去上班还有些盼头。不论工作上有多少麻烦和挫折，这种友谊可以让你跟他人共担自己的焦虑，也可以共享自己的乐趣和成功。

8. 对办公室政治敬而远之。

虽然听起来引人入胜而且非常有趣，但尽可能远离那些八卦新闻、闲言碎语和办公室政治才是上策。虽然当时可能非常有趣而且让人全神贯注，但是这些东西会渐渐地让你觉得工作本身非常无聊和无趣，而且不可避免地会让你逐渐疏离自己所在机构的文化。

9. 找到一些远离工作、跟家人和朋友在一起的时间。

请大家立刻就做，以免将来追悔莫及。作为一名精神科医师，我最常听到的让人心碎的话就是：为什么我没有在自己还能做到的时候去做呢？勤奋工作的人所犯的最常见和最重大的错误就是，把自己工作之余的时间的优先级设定得很低，尤其是跟家人和朋友在一起的时间。你不可能跟所有的好朋友都保持紧密联结，也不可能把所有的时间都花在家人身上，但是你至少要承诺用足够的时间来让这些关系维持活力，让它们值得你去期待，让它们能够重新点燃你生活里的生机。

10. 加入一个工作之外的机构。

找个工作之外的机构，让你有机会做出有价值的贡献，并且能够从中体会到巨大的满足感。它可以是个晚餐俱乐部、篮球队、足球队或者表演团体，也可以是天主教堂、犹太教堂或者任何一种宗教团体，抑或是合唱团、读书俱乐部、骑马俱乐部或者某个政治团体。去找个对你而言有意义的组织或者团体，不仅要让你觉得趣味盎然，还要对你足够重要以让你能腾出时间来参加它。

尽管“联结维生素”总的来说好处多多，但我还需要提出一点点忠告。联结是个双刃剑，能让你获益匪浅，也能让你付出代价。想想看黑帮团体里的那种兄弟情谊和纳粹在二战时期的死忠。虽然人们都深切地渴望联结，但如果一个人并不是以健康的形式来建立这种联结，那他就有可能处于一种危险甚至邪恶的形式的联结中。本书的读者们大约不会去加入黑帮或者成为战争罪犯，但是我们都必须非常小心地去选择我们决定相信的人。虽然我建议永远不要独自焦虑，但仍旧会提醒在选择跟谁一起焦虑的时候要小心谨慎。

我是个愿意相信别人的人，实际上有时候太过于愿意相信别人了。我曾经信任一些我觉得是自己同盟的人，甚至是亲密好友的人，结果等来的却是背后被捅刀。我提及的这件事发生在生意上，因此我把它算作商业上的成本。但是无论如何，这件事给我带来了很深的伤害，时至今日我想起这件事的时候依然会感到闷闷不乐。

虽然如此，当你发现了那个真正能够跟你共享焦虑的人，这个人就是上帝给你的最好的礼物。我最好的朋友彼得·梅茨（Peter Metz）是我的死党。我们一起在每周二打壁球已经持续 30 多年了。每次打球之后，我们都会找个地方喝一杯，聊聊各自担心和开心的事情。这些跟彼得相处的时光一次又一次地给我的生活带来了转机和阳光。

把你的问题用朋友们能够提供帮助的方式来打包。想想那个网络成瘾者莱斯的案例，让我们假设他跟自己的朋友乔有一段对话。莱斯跟乔说：“我现在已经网络成瘾了，真的需要一些帮助，我能跟你谈谈吗？”只需要真的去讨论、探索这件事，并且让另外一个人聆听和回应，就能够起到非常显著的作用。莱斯可能会说：“我并不需要或者期待你给我任何解决办法，只希望你能听我说说我的事情，并且帮我提出一些问题。不要有那种必须帮我把问题搞定的负担，我其实就想让你听完后回应一下。”

这同时也让对方能在他们遇到困难的时候，以同样的方式来向你寻求帮助，于是你们就可以相互帮助，让这份联结关系更为深厚。你必须信任这个过程，虽然你在里面并不能完全地控制局面。在这么做的时候，你的潜意识里会发生很多事，解决办法和新的行为会突然从天而降。

就像我之前提到过的，想要让你的人生充满这种"联结维生素"，你需要创造属于自己的一整套步骤以及行动方案。在这"关键六项"里面，人际联结可以说是最容易实施且回报最为丰厚的步骤，而且人们往往会对它所带来的巨大好处感到非常惊奇。我们最大的愉悦感和满足感来自成就和亲密，无论是在工作中还是在爱情里。尽量对两方面都专注投入，别让其中一个完全占据你的生活。

除了"联结维生素"，还有另外一件很重要的事情能够改善你的心理健康状况。我有个朋友，她的父亲在 10 年之内犯了 11 次心脏病，在 62 岁的时候去世了。他进取心十足、喝酒太多，而且一生中承受了很多巨大的痛苦，而这些都对他的健康造成了严重的伤害。到他生命的最后阶段，他心脏的强度只跟一只兔子的心脏不相上下了。每天早晨，他连自己起床穿衣都需要花很大力气，然后颤颤巍巍地走到天井里的吊床上，在橘子树下躺上一整天，看着花开、闻着花香，从树叶的缝隙之间仰望天空。那时候他对这种生活充满感激，因为这就是他拥有的全部了。当我跟朋友谈到"联结维生素"的时候，她跟我说："你需要再加上一个维生素 G，也就是感恩（Gratitude）。"

我朋友这种对"维生素 G"高度珍惜的背后有着充分的科学实证依据。在乔治·瓦利恩特（George Vaillant）针对人生中哪些要素最具有适应性优势的纵向研究中，感恩排名第一。[10] 你在生活里的处境本身其实没有那么重要，对你影响更多的实际上是你对这种处境的感受，而你对这种感受的控制能力恐怕大大超乎你自己的想象。或者，就像一位智者曾经说过的那样："幸福并非得到你想要的，而是珍惜你已有的。"[11]

每一天的能量管理

如果你做了足够的准备工作，并且充分运用了这“关键六项”，那么每天的能量保持对你而言就变得轻而易举了。但是，你并不能保证自己在一整天里的能量供给都是平衡稳定的。于是，你需要发现自己独有的节律。什么时刻你感觉最精力充沛、最能够应付高难度的挑战？什么时候你觉得最头昏脑涨？有的人发现自己在音乐背景下会更专注，有的人则会在屋子里有其他人时更专心；有的人在早晨最能够全神贯注，有的人则喜欢晚上；有的人喜欢屋子里温暖一些，有的人则喜欢清凉；有的人靠咖啡提神，有的人喜欢洗热水澡；有的人专注力来得快去得也快，属于突发模式，有的人则能够专注工作较长时间，然后完全放松休息一两天。没有一劳永逸的通用解决办法，试试看哪种对你最适合。

然后就是根据自己的节奏和偏好来进行规划。别大材小用，把你最好的能量留出来做你最重要的事。举例而言，我每次刚刚上班的时候状态最好，我管它叫“清晨尖峰”。很多人都跟我差不多。如果你也是这样的，那就需要确保你的“清晨尖峰”不要浪费在回复成堆的邮件上。把你的能量留给那一天中难度最大、最为重要的任务。与此同时，要尽量保持你最基本的行为模式、基本的节律，而不是整天都在调整节奏试图改变。

监控自己在一整天里的能量使用情况非常重要，而了解自己在一周、一个月，乃至一年中的能量节奏也同样非常重要。这么做你就可以预知自己在什么时候工作更加努力，什么时候身心都蓄势待发，同时在潜意识里也知道自己在什么时候可以不用太过于专注。

11

驾驭情绪

管理好精神状态，清除消极的情绪和信念

坐落在新罕布什尔州的菲利普斯埃克塞特学院是我的高中母校，那里出过一名传奇人物——摔跤教练特德·锡布鲁克（Ted Seabrooke）。他通过以身作则和对学生们的出色教导，影响了成千上万名学生的人生，其中最知名的例子就是小说家约翰·欧文（John Irving）。他让人铭记终生的一条教练准则就是“心智走到哪里，身体必须跟随”。

我把锡布鲁克教练的这条格言加以改动，“心灵走到哪里，努力就会跟随”。我们在自己最在意的事情上最愿意付出辛勤的努力。那些虽然憎恨自己的工作却依然每天花 8 个小时上班的人，是为了给自己心爱的人挣钱、养活自己的家庭。没有什么比情感更能给人激励的了。

人们往往假设自己不论情绪状况如何，都能够全力以赴而且成绩斐然。如果我们都是《星际迷航》里的斯波克先生，那么情绪确实无关紧要。但我们不是，情绪对我们具有很大的影响，而且影响的强度比我们想象的要大很多。从学校到职场，最能够影响我们业绩表现的区别性要素，就是我们在做手头上的事情时，内心的感受如何。

在本书第一部分所给出的案例中，情绪阻碍了每位当事人的进步。莱斯试图逃避每天生活中的坏情绪，于是埋头于网络中，麻木不仁。琼感到自己被人利用，于是愤愤不平而且缺乏耐心，然后这种情绪让她的努力全部落空。阿什莉无法专注于任何一项任务，这让她感到自己是个失败者，她的丈夫也跟她一样几近崩溃，他们共同的挫折感让她寸步难行、一事无成。杰克成了自己焦虑心情的奴隶。玛丽对所有人都关怀备至，结果反而无暇自顾，忽视了自己和家庭。因为一无所成，莎伦的生活沉浸在消极情绪里面，然后就导致她更加难以成就任何事情。

积极情绪是巅峰体验的关键要素。极度的恐惧可以让人在短时间内高度专注，压制基本的生理需求，但是它不能持久，很快就会变成其他的状态：疲惫、麻木或者没有情绪依附的单纯对于危险的觉察。恐惧所需要的大量神经递质的供给只能持续很短一段时间，没多久就耗光了。

当然，恐惧永远是我们日常生活的一部分。在最好的情况下，它可以作为一个警示信号。但是在最坏情况下，它则会阻碍我们的正常生活，引发自毁行为。就像我的老朋友——学习专家普丽西拉·韦尔（Priscilla Vail）总跟我喋喋不休的那样："情绪是学习的开关按键。"如果你处于愤怒、焦虑或者其他形式的不安之中，消极情绪就会让你的大脑短路，不论你正在做什么。此时你会更加专注于自己的不良感受，而不是需要去做的事情本身。

就像玛丽所发现的那样，毒性情绪让专注变得几无可能。你不能一边跟人吵架，一边创作交响乐。你要么专心致志地作曲，要么一心一意地跟人吵架，两件事不能同时做。如果你正在聚精会神地处理电子表格，一个同事却拿了个酒瓶子气势汹汹地过来跟你吵架："你这个混账，偷了我的好点子拿去邀功！我要把你的脑袋拧下来！"你不会再有办法继续处理你的电子表格了。从生理上来讲，你做不到。即便你能够制伏这个同事，把他交给警方，你的情绪也会保持在震惊状态里至少几个小时，在这段时间里你不可能专心地处理其他任何事情。

换一个角度来假设，如果你正在处理同样的电子表格，同一个同事过来跟你说："非常感谢你在昨天开会的时候对我点头致意，你可能不知道那个时候你的点头对我来说有多重要。"这时候你会觉得自己的能量很足，而且可以更加专心地工作了，因为刚刚接受了一剂"联结维生素"的补充。我们的大脑实际上是被情绪所掌控的。大脑深处埋藏着我们的原始核心部分，控制着其余的大脑。它们已经掌控大脑千百万年之久了。这些核心在进化的早期被选为大脑的控制中心，是因为跟其他位居皮质层的区域相比较，它们能让我们从危险中脱身。

在这些大脑深层的中心试图控制局面的时候，皮质层尚不存在，因此它们掌控了从下到上的整个大脑。大自然，而非某种变化无常的力量，时至今日依然把它的力量留存在这些深层的中心里面，因此原始情绪可以压制理性并且劫持我们的心智，让我们除了毒性情绪本身之外，无法聚焦到其他任何事情上面。恐惧、愤怒、抑郁、报复的欲望或者感到被冤枉等消极情绪会诱骗大脑，让我们做出愚蠢的举动，说出将来我们会后悔的话，并且疏远那些本来可以帮助我们的人。

情绪不仅会影响专注和表现，还会影响健康，但是其中的联系并没有那么简单直接。我们曾经被告知 A 型人格（进取心强、喜欢竞争，通常是男性）比更为冷静的 B 型人格更容易患上心脏病，但是这个结论经过更加深入的研究之后被否定了。后来我们又开始抓住 C 型人格不放，认为他们更容易得癌症。但是仔细检验之下，人们发现这个结论也不靠谱。

现在，我又发明了 D 型人格。在最近的 20 年来，约翰·德诺尔特（Johan Denollet）博士和他的团队在荷兰研究了那些消极情感和人际抑制方面得分较高的成年人。德诺尔特把这些人称作"D 型人格"，并且认为他们患心脏病的风险很高，同时恢复过程也会更加漫长。[1] 跟平均水平相比，他们更不容易专注，而且更有可能产生自毁行为。

学会管理自己的情绪

那种独裁式的老板和虐待式的老师很快将彻底成为过去，不是因为独裁或者虐待本身很残酷，而是因为独裁者或者虐待者失败了。他们没有能力让人们达到最好的表现，不论是对别人还是对自己而言。人们如果不开心，就会表现不佳；如果喜欢自己做的事情，就常常会突破自我，创出佳绩。如果你没有消极思维，就可以聚焦于手头上的事情而不会被分心。

消极情绪会让人的注意力分散，而且这种情况会频繁地发生，因此要经常反省一下自己是不是可能错误地诠释了某种特定的情景。增加一些自我觉察的能力会大大有利于头脑清晰，清除消极的情绪和信念。

我们经常因为使用了不合适的心理防御机制而自寻烦恼或者误解现实。投射是很常见的行为，因此需要特别予以觉察。在投射过程中，你会把自己的感受和信念归因到其他人身上。

就像我之前提到过的，虽然科技的发展确实催生了很多问题，但是我们个人的心理过程实际上要承担主要责任。要在现代社会中生活，就要学会管理我们自己的情绪和障碍。身处痛苦情绪之中最容易让人心不在焉、无法专注。

为了帮助你对自己的心理过程有更多的了解以及更好地管理精神状态，我在这里提供了一些窍门：

1．跟自己的情感合作，而非与之对抗。

举例而言，如果你喜欢群体，那就多在群体里工作而减少独处的情形；如果你喜欢隐私和独处，那就营造一个能让你独自工作而不用跟他人相处太多的环境。如果你喜欢寻找机会，那就去寻找机会；但是如果你不喜欢冒险，那就别去做。如果你面对冲突的时候会感到不安，那就去做个和事佬；如果你喜欢与人争斗，那就找个需要这种能力的地方工作，如某些律所或者创业企业。有一种久经考验和被人尊重的智慧，在古希腊作品、《圣经》、律法，以及莎士比亚的作品中都有过呈现：首先了解自己，然后真实地生活。

2．尽量了解自己的“死穴”在哪里。

什么最让你受不了？万事通、喜欢打断别人的人、那些从来不说“请”和“谢谢”的人、阿谀奉承的人、讨好上级的马屁精，还是某些假仁假义的伪君子、声名狼藉的人、自吹自擂的人、书呆子？试着去命名那些特别让你恼火或者看不过眼的人。然后当你面对这些人的时候，要么回避，要么强自忍住对自己说“这次我不会让这个人把我带进坏情绪里去，把我的一整天都毁了。我能控制自己的反应，也能控制这个人在我心里触发出来的那种疯狂”。

3．跟自己做空想心理学家的游戏。

回溯童年，问自己“那时候的问题一直保留到了今天吗”。这些问题一般都很明显。然而，因为你并不喜欢看到让自己痛苦的事情，所以这些别人觉得一目了然的事情可能对你本人来说并不是那么明显。你可以找个自己信得过又对你比较了解的人，帮你梳理一遍。

你之所以是个工作狂，是不是因为你的父亲也一样，而你希望能够取悦他或者超越他？你的不安全感很强，是不是因为在小时候没有获得足够的无条件的关爱？你之所以冷酷无情、崇尚竞争，是不是因为你一直都觉得万事只能靠自己？你无法信任他人，是不是因为你的双亲之一在最根本的事情上背叛了你？你是不是那个总要扛起责任照顾兄弟姐妹的人，因为父母不论何种原因都做不到这些，所以到了今天你还是不能自已地想要去照顾每一个人？

如果你能够识别出来这些比较大、比较显著的问题，就能够用真知灼见和行动来替代它们。你可以从一次又一次犯同样错误的循环里解脱出来，并且因此而大幅度地提升自己在最重要的事情上的专注力。儿时的问题可能会不断地损耗你的专注力，但一点点的智慧就可能让你有能力去克服这些倾向，跟自己过去的困扰一刀两断。

4．了解什么让你精神焕发。

这里指的是在工作里什么东西能让你兴致勃勃，你最热爱哪些工作。对于外科大夫而言，它就是手术台上的时刻；对于企业家而言，它就是拿下大单、利润丰厚的时刻；对于教师而言，它就是帮助一个绞尽脑汁的学生豁然开朗的时刻；对于作家而言，它就是写出一个美妙语句的时刻。情绪会让表现一落千丈，同样也能让业绩一飞冲天。理解什么会让自己趣味盎然，然后做尽可能多的这方面的工作。

5．寻求和接受帮助。

其他人可能知道一些你不知道的东西，或者有一些对你来说很有价值的洞见。那些在自己的人生里麻烦最多、最不可收拾的人，就是那些拒绝聆听任何建议的人、认为“不听我的就滚蛋”的人，以及那些宁可用自己的方式失败也不愿意听别人成功意见的人。乐队演奏过程中跟着自己的鼓点走是一回事，把其他所有乐器的声音都屏蔽掉就是另一回事了。传统西方智慧里有一个要领——“傲人必毁，骄兵必败”，这也是大家最熟悉的一句格言。这句话覆盖了历史上几乎所有的悲剧，从古希腊圣贤到莎士比亚，再到赫尔曼·梅尔维尔（Herman Melville），一直到阿瑟·米勒（Arthur Miller）。顽固不化可不仅仅是个分心的问题，它会让你成为睁眼瞎。

投射是偏执狂的根源。偏执的人会认为外面的所有人都在跟自己作对，因为他把自己的攻击性感受都投射到了别人的身上。实际上，别人不是在跟他作对，而是他在跟别人作对，但是他无法忍受这种感受。把这种感受投射到别人身上，他就可以将其从自己身上剥离出去，但是同时也就完全扭曲了真实。

偏执的情况在日常生活里非常普遍。它最极端的版本是充满暴力、心理变态的偏执狂，这非常罕见。大多数人都会时不时地陷入偏执状态中，因此能够在自己做出愚蠢决定之前及时觉察是非常了不起的行为。

不仅如此，偏执的感觉本身也会让人非常分神，能让你心情糟糕一整天、一个星期，有时候甚至一整年。那种用现实检验自己想法和从偏执状态中抽身而出的能力实在是太有价值了。

否认是一个给我们带来很大麻烦的心理防御机制。跟投射一样，否认也是一种原始的防御机制，让我们对眼前的错误视而不见。通常我们否认问题的存在是因为不知道怎么解决这些问题，其实它只能让问题越来越严重。否认是一种非常普遍的问题。对付否认的一个好办法就是邀请别人来告诉你自己的弱点和缺陷，让他们在发现一些你看不见的问题时坚定地告诉你。不论你多么不喜欢听到他们所说的内容，都不要报复任何人的坦白和诚恳。

另一个常见的给我们带来麻烦的防御机制是反向形成，我在讲述玛丽的独自焦虑问题时涉及过这一点。当采用反向形成的时候，你口是心非，会表达跟你实际潜意识里相反的感受。这也解释了为什么很多人会做出违背自己利益的行为：他们会忍受不好的工作或者老板，会忍受微薄的薪酬，会甘心自己的工作成果让别人窃取以及在被伤害的时候不反抗回去。

这种类型的人很难承认自己的愤怒、为自己仗义执言，或者做出很自私的事情。与把自己的愤怒投射出去的偏执的人很不一样，使用反向形成防御机制的人会在感受达到意识层面之前先把它们翻转过来。

处理这个问题最好的方式就是问问你自己“为什么我会容忍这一切”，或者在同事问你这个问题的时候真的去聆听、思考。当他人告诉你正被不公平对待的时候，试着别去扮演殉道者的角色，尽管这看起来可能很高贵。你要去跟自己的内心或者他人进行一场对话，接触内心的合理情绪，感受那种愤怒和自我肯定的感觉。

就像我在之前所讨论的那样，保持专注需要一系列的诀窍和方法，所有这一切的前提是从心理层面理解你自己，并且发现自己的盲点可能在哪里。莎士比亚笔下的李尔王对被崇拜和爱戴的渴望过于强烈，因而看不到真正爱自己的女儿科迪莉亚的忠心。科迪莉亚的姐姐曲意逢迎，给了父亲他想要的但不真实的评价。当科迪莉亚说出真话，也就是不用谎言来玷污对父亲的爱的时候，李尔王流放了她，于是自己和女儿一起开始滑向命运的低谷。李尔王丧失了所有聚焦中最为重要的一种——对事实的聚焦，因为他对被崇拜的无休止追求让自己对女儿的爱和感受视而不见。

你认识多少这样的老板？与你共事的老板中有几个是这样的？一个人的权力越大，看到和听到真相的能力就越弱。有多少管理者没有得到应有的成长，就是因为他们“没有能力面对事实”？[2]

想要做到专心致志，就需要具备这种面对现实的能力。而面对现实则需要一种理解自己心理上的弱点的能力。例如，如果李尔王能够说“随着我年龄渐增、更加接近死亡，我感到自己越来越需要被爱和被安慰，它们能让我有勇气面对自己统治和生命的终结”，那么他反而可能不会失去一切，更不会失去那个最爱自己的女儿。

C 状态还是 F 状态？

“关键六项”能够在很大程度上帮你平衡自己的情绪，但是生活中总会有那种让你感到筋疲力尽、疲惫不堪、浑浑噩噩或者心烦意乱的事情。你会发现自己总在“C 状态”和“F 状态”之间来回摇摆。所谓的“C 状态”就是怡然自得（cool）、冷静平和（calm）、泰然自若（collected）、深思熟虑（careful）、充满好奇（curious）、殷勤礼貌（courteous）、关爱他人（caring）、始终如一（consistent）和全神贯注（concentrated）。而“F 状态”就是充满恐惧（fearful）、疲惫不堪（fatigued）、虚弱无力（feeble）、情绪失控（frantic）、糊涂健忘（forgetful）、失意挫折（frustrated）、没头苍蝇（feckless）、暴躁易怒（fractious）、疯癫古怪（flakey），以及那个以 f 开头的不雅词汇。

你应该在自己的脑子里保存一份即刻干预的文件。在 F 状态下待得太久，会对自己的工作和生活造成很大的损失，会把好东西毁于一旦。每当你感觉自己的能量几近干涸，开始进入 F 状态，可以尝试一下下面的诀窍：

1．吃些健康的零食提提神。

水果、蔬菜、鹰嘴豆、坚果、黑巧克力等。

2．做一次快速、高强度的运动。

25 个开合跳、10 个快速俯卧撑，然后找个地方快速跑步 1 分钟，约翰·瑞迪把这叫作“大脑休息”(brain break)。做完这些，你的大脑会很快放松下来。如果做不到，可以试试看尽可能快速地上下楼或者走路两分钟。如果这你也做不到，那就试试看在楼里或者户外来回快速走一走。

3．冥想或者打个盹。

5 分钟的冥想可以让你恢复精力，并且当你不带感情地观察自己的思绪飞来飞去的时候，就会看到更为积极的客观现实。当你真的很疲劳的时候，就去打个小盹。但是要注意，不是每个人都适合打盹。对有的人而言，打盹纯属浪费时间，但有的人会一睡不起。如果你能够短暂小憩，就用手机设置一个 15 ～ 20 分钟的闹铃，放心去睡。如果有效果，就会非常显著。

4．享受一剂“联结维生素”。

给朋友打电话、跟同事聊聊轻松惬意的话题、听你喜欢的音乐。是的，你可以通过无生命的来源获得联结感：音乐、艺术品、照片、诗歌、短文，甚至记忆。

5．吃药。

我说这个有点恶作剧的意思，但是咖啡因真的能让你的能量提升很多，只不过不要依赖它。同时，如果你有注意缺陷多动障碍，这可能是个信号，提醒你该去吃一剂利他林、安非他命或者医生给你开的其他处方药了。

6．幽默。

笑声也可以让思维不再四处游荡。在办公桌抽屉里放一本笑话集，或者到视频网站上去找个滑稽影片看看。

7．试验。

寻找最适合自己的补救办法。只要安全合法，没有什么不可以尝试。

让你的情绪和目标相互匹配是件很重要的事情，否则你就会逐渐精疲力竭、耗尽心力。你将永远不能聚焦于目标，用自己的心充满热情地去追求它。

很多年前，安德鲁·卡内基（Andrew Carnegie）聘请拿破仑·希尔（Napoleon Hill）来访问500名当时最富有、最成功的人士，其中包括亨利·福特（Henry Ford）、约翰·洛克菲勒（John D. Rockefeller）、乔治·伊斯门（George Eastman）、F.W. 伍尔沃思（F. W. Woolworth），以及托马斯·爱迪生（Thomas Edison）。这个项目的目标是确定到底什么才是取得巨大成功的关键要素。希尔在1937年的著作《思考致富圣经》（*Think and Grow Rich*）现在已经是励志自助领域的经典之作了，并且已经卖了上千万册。他认为被访谈的每个人身上都有的品质、他们取得巨大成功的“秘密”，就是一种对于成功的“炽热的渴望”，或者叫作“心中的火焰”“使命感”“成功的意志”“勤奋工作的责任感”。无论你叫它什么，都会发现每个极为成功的人都有这种强烈的渴望和情绪。

想想看将军们是如何费尽心机让自己的军队勇往直前的。为什么我们需要有军乐队呢？军乐并不是非常复杂的音乐，但是确实能够达到效果。它会让士兵们慷慨激昂，激发他们的情绪，因此在达成目标的战斗里它显得非常重要。没有胸中的火焰，你的努力就没有光彩。

发现和进入你的“甜蜜区”

如果我们是机器的话，就不用担心批评会激起负面情绪了，因为本来就没有任何情绪可以被激发。有人可能会反对：“你是什么意思？我们雇用的都是成年人，他们都是专业人士，薪酬应该是他们唯一需要得到的东西。他们应该能够承受批评，并且对批评者表达感谢，然后从批评中获益，按照建议做出改善，然后继续工作。”

请让我看看谁真的有这样的专业精神。如果你坚持寻找，可能会发现这样一种人，他们大多数情况下都只是装成这个样子，回到家后就会抱着威士忌酒瓶子抱怨自己工作的地方有多么不人道。

如果你会打高尔夫球，肯定听过这样一句话——“这会让你痴心不改的”（It will keep you coming back），指的是打出一个好球所带来的效果。当你克服困难干了一件漂亮事的时候，这可能是一个人能有的最大乐趣了，至少在工作场景里是如此。不论你打了多少坏球，这些球让你感觉多么糟糕，那唯一的好球都会给你带来如此大的乐趣，让你痴心不改，继续战斗下去。

至少在工作场所里，发现乐趣就意味着在每天的工作里发现了那个“好球”，可能是两个，甚至是三个。但是，一般情况下我至少都有一个“好球”，它会让我念念不忘，一直到下班回家。很多人在下班回家的路上会想今天自己打出的每一个“坏球”，我尽量不去做这样的事情，因为这样做只会让我越来越痛恨自己的工作。

谁会愿意日复一日地去一个充满失败的地方工作呢？“从错误中学习”这句老话确实是至理名言，但是新的证据也告诉我们，其实跟回顾错误相比，回味我们的成功会让我们进步更多。这是因为，你越把工作跟成就联系在一起，就越愿意去工作，你越愿意去工作，也就越愿意去从自己的错误中吸取经验，这确实听起来很具有讽刺意味。积极情绪能够让你更聚焦于艰难的工作，而消极情绪假以时日会让你开始采用逃避的方式来作为应对机制。

但是如果走了极端，两种情绪都会带来麻烦。一方面，如果你从来不面对自己的错误并且从中吸取教训，就会反反复复地犯同样的错误。另一方面，如果你从不享受成就，把所有的时间都放在回味做错的事情上，很快就会变得抑郁或者很不快乐。

我会倾向于建议你去享受那些“好球”，哪怕再少也甘之如饴，而少去思考分析那些“坏球”。因为大多数人其实并不擅于对自己进行分析，所以自己去分析自己的错误往往最后会变成自我欺骗。但是，如果你信任真正为你好的人指出你所犯的错误，请务必认真聆听，严肃对待。这个人实际上为你做了件大好事，因为他提供了一个你永远看不到的视角。

与其让自己工作更加努力，用那种万人赞颂的职业伦理来激励自己，不如让自己处于一种发自内心愿意去努力工作的情境里面。在这种情境里，你的艰苦努力会自然而然地勃发出来，并且乐此不疲，而不是因为什么职业伦理。所谓好之者不如乐之者，你会用最努力的方式去工作，因为你喜欢这么做。职业伦理变成对于工作本身的热情，一种热爱你所做的东西的激情，我将其称作工作的“甜蜜区”。通过寻找三个范围相交的地方，你就能够找到你的“甜蜜区”，请参考图 11-1。

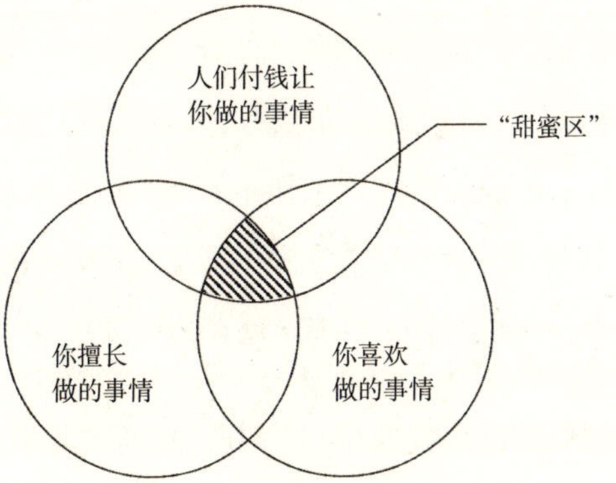

图 11-1 工作中的“甜蜜区”

第一个范围包含了所有你喜欢做的东西，第二个范围则是你的特长和天赋所在的领域，第三个范围就是那些你的职责或者任务所在的地方。这三个范围的交集就是我所说的“甜蜜区”。

你在“甜蜜区”里花的时间越多，就越会感到成功和快乐，就更有可能处于灵活聚焦的状态，也就越愿意全身心投入地努力工作。相反，你在“甜蜜区”之外花的时间越多，就越会感到身心俱疲、生活被剥夺，也就会有更多的 F 状态。

因此，现在假设你在工作中并不开心。你觉得没有机会发挥自己的才华或者脑力，没有机会一展所长发挥自己的最大能力，没有足够多有挑战性的任务可做。那这个时候你是依然每天上班下班拿钱走人，还是想要做些什么改变现状？不幸的是，大多数人看不到自己有任何可替代的选择，于是也就对自己的不开心无动于衷，安于现状。他们害怕如果自己跟老板说工作得不开心，就会不再被信任，最差的情况是连这份工作都没有了。这种态度甚至还有一个更不幸的附带后果，就是它会从一种形式逐渐蔓延变化成为另一种形式，最后往往以自毁的形式出现。你可能在工作上表现不佳，可能迟到早退，也可能像莱斯那样在工作时间里上网浪费时间。如果你不重视自我管理，有太多的方法可能让你的事业毁于一旦了。

作为精神科医师，我可以负责任地告诉你，我的客户和患者们在跟自己的主管坦诚交谈之后，往往会惊讶于谈话的效果。举例而言，莱斯在参加了一个戒除网瘾的治疗课程之后，意识到自己在工作中并不开心。于是他找到了自己的主管，并且告诉他："我要跟你谈谈，我觉得自己在工作中没有机会充分地发挥所长。"如果他能早一点说出这句话，可能早就在公司里换了个更适合他的职位了。

这场坦诚的对话从好几个角度起到了作用。莱斯被鼓励申请公司市场部的一个职位，这个职位能让他有机会运用自己身上丰富的创造力。这样他的主管也就能雇用另外一个更喜欢莱斯原来岗位的员工，莱斯也从一个心怀怨怼、精力分散的网络成瘾患者变成了一个正常、开心和努力的员工。如果你自己就是一名经理，不要迟疑，即刻跟自己的员工们进行这种真诚的对话，虽然他们在一开始可能会有些犹豫不决，但很显然正确的人和正确的技能在正确的位置上对大家都有好处，这比开除一个人再雇用一个从零开始培训的新人要有效率得多。

在管理情绪生活的时候，试试把你的默认立场设置成"人生是美好的"。古罗马的斯多葛学派哲学家爱比克泰德（Epictetus）就身体力行了这句被低估的智慧。他是个瘸腿的奴隶，尽管经常挨打、身有残疾，而且是属于他人的财产，但他本人感到非常幸福。爱比克泰德的主人非常佩服他的这一点，于是跟他说，如果他能够教会自己如何幸福，就给他自由。爱比克泰德跟主人说，人永远都有能力控制自己的观点，“不要苦苦追求那些自己渴望的东西，而是要去珍惜那些自然而然发生的东西，这样你的人生就会过得很好”。[3]尽管在爱比克泰德的生活里，外部世界状况很悲惨，但他仍决定保持“人生是美好的”这样一种立场，并且去感受那种有机会活着的感激之情。他的主人对此感到非常钦佩，于是给了他自由，之后爱比克泰德就用他的余生向人们讲授他的哲学。他的学生弗莱维厄斯·阿莱纳斯（Flavius Arrianus）把他的教导编成了一本小书——《语录》（*The Enchiridion*）。后来这本书被罗马士兵发现了，士兵们非常喜欢，总是会在冲锋陷阵之前读它。[4]

通过把默认立场设置为“人生是美好的”，你就让自己做好了准备，不会轻易地掉进生活里那些消极的情绪陷阱中。很多思想深刻的知识分子都嘲笑这种观点，认为这种想法即便算不上愚蠢也肯定太过于简陋。然而，这里面有着古老而坚实的智慧基础，就像这位伟大的斯多葛哲学家在他的人生和著作中所身体力行的那样。

消极情绪会遮掩我们的专注力，而且会消磨我们的活力。因此，试着去把你思维里那部分认为人生很糟糕、对生活不认同的方面减弱一些。你的感受和情绪状态往往会决定你思维的内容，情绪会持续不断地决定你到底想要些什么东西。我们通常会觉得思维的内容，也就是脑海中进进出出的东西，会决定我们的情绪，实际上恰恰相反。我们的感受决定了我们想什么、做什么。你越是认为生活很美好，就越会往好的方向发展。

12

构建结构

从混沌中发现秩序，
在规划中逐步实现目标

本笃会修女琼·齐谛斯特（Joan Chittister）是一位作家、演说家，负责训练和督导自己修道院里的新伙伴。在训练的早期阶段，她会问这些充满渴望的见习修女一个最基本的问题："我们为什么要祈祷？"一位修女举手回答："因为我们爱主，并且希望每天都能对他表达敬意。"

"这么说是对的，"琼修女回应，"但是这并不是我们祈祷的理由。"

另一位迷茫而天真的年轻修女举手回答："我们之所以祈祷，是因为我们想要去加强自己跟上帝之间的精神联结。"

"是的，"琼修女回应，"但是这也不是我们祈祷的理由。"

年轻的修女们有些不知所措，因为她们原以为自己很清楚为什么要祈祷。现在她们都开始捉摸琼修女所说的那个原因到底是什么。

另一个热情的修女鼓起勇气回答这个问题。"我们祈祷，"她信誓旦旦地说，"是为了离耶稣更近，以便让我们痛苦的灵魂受到抚慰；我们祈祷，是为了让心灵和思维停止喋喋不休，升华到灵性世界；我们祈祷，是为了表达感恩和寻求宽恕。”

“是的，这些都是正确的，”琼修女回应，“但是这依然不是我们祈祷的理由。”

于是另外一位修女希望自己是终于能够正确回答这个问题的人，举起手来。“我们祈祷，是因为我们应该祈祷。”

琼修女笑了一下。“这个有点接近了，”她说，“但也依然不是我们祈祷的原因。”她停顿了一下，感受到屋子里充满了紧张和挫败的气氛。所有人都急切地想知道，她所寻找的那个答案到底是什么。

“我们祈祷，”琼修女终于回答了这个问题，“是因为听见钟声了。”

每一天，不论大家的情绪如何或者处境怎样，所有的修女都会在钟声响起的时候一起开始做礼拜。从最实际和最肤浅的角度而言，她们之所以聚在一起祈祷就是因为听到了钟声。从最根本的角度而言，不管什么原因，只要钟声响起，她们就会去祈祷。钟声，就是关于结构的一个最好的例子。

为什么要创建一个结构

人生依赖结构而存在。在整个大自然里，我们能发现很多支撑生命的宏伟结构。我之前已经介绍过构造定律，以及它是如何掌控所有运动的，而运动恰恰是生命的根本定义。但是创造一个结构实际上非常困难，因为这需要去对抗最基本的物理法则。

每当我们思考的时候，就是在尝试从混沌中找到秩序。为了达到目的，我们对抗热力学第二定律，也就是事物永远倾向于朝着混乱程度或者熵的最大化方向发展的法则。我们在努力给混沌带来秩序的时候，会受到大自然的狙击、阻碍和反制。“省省吧，”大自然似乎会这么说，“我有自己的秘密，你们别想知道。”

但是我们痴心不改，非要从智慧之树上拿下那些苹果。我们坚持苦思冥想，竭尽全力从杂乱无章中发现秩序，试图揭开大自然最深处的秘密。虽然过程可能会让我们疲惫万分、痛苦不已，但人类一往无前，永不止歇。

我们这么做的原因之一是为了报酬，就如同塞缪尔·约翰逊（Samuel Johnson）所说的：“除非为了钱，否则只有傻瓜才会去写作。”[1] 但是，为什么我们会自讨苦吃找这么困难和需要绞尽脑汁的事情去做呢？不是有很多更省力的赚钱方法吗？包括约翰逊自己在内，人们之所以这么去做，肯定是因为这件事本身让人感觉良好，并且比其他任何事情都更让人感觉良好。跟熵作战，哪怕是取得一个小胜利，都让人乐此不疲。跟杂乱无章作对，就要从无序中硬生生砸出一个秩序、在看似随机的事物之中觉察到模式、妙语连珠地写出漂亮的词句、把复杂艰深的问题思考通透、在不和谐的关系之中创造出片刻的和谐、设计一个能够按照自己指令行动的机器、写出一个淋漓尽致表达出你内心声音的词句……简而言之，战胜毁灭的力量让人感觉良好，虽然到头来一切终将覆灭，但是在某个美妙而升华的时刻，你与之对抗，公然宣战。

也有很偶然的时候，好主意突然福至心灵，从你的脑子里跳出来，让你可以轻松俘获，这是多么幸运的一天！但是通常情况下，你需要付出努力，有时候甚至是一生的辛劳，才能取得那个来之不易的巨大成就。但如果你像阿什莉那样有太多的好主意让自己应接不暇，就无法真正把其中任何一个变成现实。

有多少人曾经想到过成千上万个做生意的新点子，又有多少人真的去把想法实施，一直坚持到成功呢？有多少人曾经想到过某种可以去申请专利的方法，又有多少人真正把自己的想法推向市场了呢？有多少人怀揣着写本书的想法，又有多少人真正去写作和出版书籍了呢？有多少人相信自己离成功只有一步之遥，又有多少人真的达阵得分了？

有时候你会突然觉得有个好点子，喜不自胜，但是稍歇片刻，你还没有做任何跟进，这个点子就烟消云散了。然后你在那里不明所以，这个点子怎么来的，到哪去了？有时候这些“鱼儿”经常咬钩，但是从来没被你钓上岸过。它们就像油滑成熟的老鳟鱼，在湖中落叶下得意扬扬地望着我们。

我们最大的希望，就是发明正确的“渔网”，也就是捕捉“鱼儿”的正确结构。就像声誉卓著的企业家培训师丹·沙利文曾经说过的：“最好的想法是被捉住的，而不是被教授的。”[2] 这就是结构的力量，它能在我们所做的几乎任何事情里引发、催生和带来秩序。在今天这个疯狂的世界里，创造一个结构来帮助你去做真正想要做的事情，避免去做自己不希望去做的事情，就显得非常重要。

关于结构的具体例子有很多：一个约会记录本、一扇关闭的门、一扇打开的门、一个押韵格式、一个处在“关”位置的开关、一个空出来休息的日子、语法、开场铃声、一个清单、一个约会之夜、节拍、闹钟、法律、你电脑旁边的煮蛋计时器、礼貌教养、方程等式、咬自己的舌头、一年四季、那种“每件事都有自己的季节，天堂里的每个目的都有自己的钟点”的想法。

你必须脚踏实地地去行动，别无选择。每天你都需要去行动，直到再也不能前进半步。虽然你可以忽视“关键六项”，不去做任何让你的大脑为行动做好准备的事情，也不去做任何为一个行动创造最佳情绪状态的事情，你还是不能避免真正去行动。在每天的每一个时刻，你其实都在行动。你的大脑在永不止歇地发出各种信号，昼夜不停。除非已经死亡，否则你的大脑会一直不停地行动，不管你自己是否愿意。

结构是一个听起来简单但真的能改变人生的工具，它能让我们规划、控制和逐步成就我们的目标。一个规划本身就是一个结构的完美例证。没有结构，你就会处在一片混沌中；没有结构，你就会偏离航线；没有结构，你就会离题万里，在好的机会之间跳来跳去，但是到头来一事无成。情绪将会在你身上肆虐，各种分心干扰和打断会充满你的世界。你的思维和行动杂乱无章，像狂风暴雪中的雪花一样四处飞舞，你会一时兴起做出很多盲目的行为，然后又突然无所事事。

很多人都被头脑中那一团看不见的迷雾所困。因为缺乏结构，他们的生活失去了方向和一致性。每次他们尝试着去获得更高层次成就的时候，都会跌落原处，仿佛被那团迷雾给拦了回来。这团迷雾存在的原因有可能是组织不力、不够专注、目标错误、抑郁无助、过度承诺，或者其他可能的任何障碍。而穿透这团迷雾的方法就是创造一个结构，然后跟着它的指引往前走。

一旦有了结构——一个计划、一张时间表、一个目标的优先级排序，你就能让自己立于不败之地，做那些自己最希望做的事情。如果你是个修女，就会去教堂的长凳前虔诚祷告，因为钟声告诉你要去这么做。如果你是个交易所的交易员，就会去交易所的大厅里，当特定的铃声响起时你就开始进行交易，因为这个铃声让你去这样做。

具有讽刺意义的是，很多有创造力的人拒绝结构，这反而浪费了他们的最佳才能。像阿什莉那样渴望成功的企业家总是跟我说："我不能让例行公事或者流程图来限制自己，我需要在我想做事的时候能够做我想做的事。我是那种独立而具有创造力的人，受不了束缚。"对于这些人，我会这样回应："祝你好运。等你一事无成的时候再回来找我吧。"如果他们真的回来找我了，我就会说："好吧，现在让我们来跟结构做朋友，先来看看历史上最有创造力的两位天才：莎士比亚和莫扎特。"

先看看莎士比亚。他所创作的所有戏剧几乎都是无韵诗，符合短长格的韵律。Da-DA，Da-DA，Da-DA，Da-DA。“如果音乐是爱的食物……”——4个短长格。但是后面紧跟着“演奏在”——一个长长格，两个加重的音节。莎士比亚并不像节拍器那样一拍接着一拍成为格律的奴隶，但是形式给予了他基本的结构，让他可以在里面创造无穷无尽的变化。没有这种无韵诗的形式，他就没有边界可以来逾越，没有模式可以去打破，我们得到的就是一团乱糟糟的句子，而不是那种英语中，甚至是所有语言中曾经有过的最伟大、最庄严且最复杂的诗篇了。

莫扎特在非常严格的音乐形式中进行创作，这些形式在其他作曲家手中产生的乐曲大多乏味单调，但是到了莫扎特笔下，就变成了无穷无尽的变奏。他音乐中很多美妙和振奋的音符都是从惊奇中衍生出来的，但是这种惊奇仅仅是从莫扎特作曲时所使用的结构中变化出来的。

虽然他的同龄人，如安东尼奥·萨列里（Antonion Salieri），也能写出不错的音乐，但是他们的曲子里缺乏莫扎特的那种超越性和原创性。他确实让自己同时代的竞争者们心生妒忌。但是如果莫扎特没有把他作曲的那些基本形式和结构掌握得炉火纯青的话，就根本不可能有所突破，尽情展现自己的天赋。

与很多富于创造力的人所惧怕的恰恰相反，结构不仅不会让人扫兴，反而是愉悦和灵感的源泉。

创建结构的步骤

无法采用简单的结构会导致持续不断的失败。通常情况下，并非大家不理解某些结构会有所帮助，而是没有能力去运用它们。为了运用结构的力量，我们可以找个特定的问题或者目标，然后问自己哪一种结构有可能帮助我们解决这个问题或者达成这个目标。举例而言，假设你的目标是锻炼身体。这是个非常普遍的目标，但还是有很多人做不到。每次你看到一个人在街上慢跑，后面就有 10 个人想坚持跑步但是做不到，或者正在开车经过但心里想着将来要做到。

想要有足够的锻炼，最好的办法就是依照时间表定时定点地去做。时间表就是结构。选择一个时间段，比如周一、周三、周五的早晨 7 点，把它标记在你的日历上面。如果你担心自己有可能会睡过头，那就找个锻炼的同伴一起设定时间表，这样你就需要在“准时开始”和“对不起自己的同伴”之间做选择。如果这样你还是做不到，那就花钱雇一个教练，你不去就是在白白浪费自己交的课程费。这就是琼修女的“钟声”的不同变种。你不用决定自己是不是需要去健身房，因为这个决定已经提前被做好了。在那个约定好的时间里，你只能去锻炼。

那么该如何设定目标呢？

1. 短期：每天设定三个目标来完成，目标太多反而会阻碍执行。一旦你达成了这三个目标，还有剩余时间的话，就可以再多完成一个或者两个。

2. 中期：每两周设定三个目标来完成。

3. 长期：每 6 个月到一年设定三个目标来完成。

4. 整个人生：定义你的人生目标。这个清单可能会多过三个条目，但是也要小心别搞得太长。当然，这些目标在任何时候都可以改变，但是做这件事情很有价值，它可以帮助你决定在死亡之前到底想要达成怎样的目标。

5. 定期评估你的进展：这样就能提升专注程度，甚至当你执行不力的时候也有积极作用。

6. 回顾和调整：定期回顾自己的目标，这是让你头脑保持清醒的最佳方式。

任何时候你都可以调整、改变这些清单。把它们都写在纸上，因为这些东西待在你的脑子里有可能会变成跟你期望的不一样的形式。即便你不改变它们，也可以定期重新审视它们，确保一切都在正轨上面。

用一种组织有序的方式设定目标，会迫使你去做一件在当今世界最为艰难却又最为重要的事情：优先级排序。现代生活最伟大的特点，同时也是我们最巨大的诅咒就是，你可以做很多事情。为了把这个诅咒转变成武器，你必须进行优先级排序。

定义清晰明确的目标——短期、中期、长期，乃至终生，会神奇地让心智专注起来。

在开发结构的过程中，你实际上可以尽情地发挥创造力。比如，我曾经治疗过一位有强迫性挥霍消费问题的女性。她欠下了巨额的信用卡账单，以至于她的财务顾问让她把所有的信用卡都销毁。但是她不愿意一下子把所有信用卡都放弃，以防自己真的需要它们。于是她找到了这样的一个解决办法。她把信用卡放进了一个盛满水的大碗里面，然后把这碗水放进了冰箱里。信用卡仍然在她手里，万一真的需要，还是可以拿来使用；但是信用卡都冻在冰里了，因此能够跟她的冲动消费隔离开来。这就是一个天才的结构。

一个决定就是一个创造结构的行动，就像一个开关一样，表明了“我要做这件事”和“我不做那件事”。人们经常试图挣脱这种类型的结构，因为它限制了人们的自由。

我做了一个可以免费下载的手机应用程序“疯狂繁忙”，来帮助人们给自己的时间建立结构。这个应用有很多功能，其中之一就是让你输入各种变量来计算一个给定任务的“是否值得”(worth-it)因素，从而帮助你决定要不要去做这件事。它还有一个计时秒表，这也是管理现代生活的利器，就是用一个视觉化的评估工具来帮你看到自己实际上花了多少时间，你会很惊讶大多数人对此很不敏感。上面还有不少大脑游戏和专注练习，用来保持C状态和避免F状态。这个应用的用户界面非常友好，提供了一个简单实用的方法，来给你的日常生活带来一些结构，帮你把真正该做的事情挑出来，同时避免做那些浪费时间而且无关紧要的任务和活动。

为结构增添趣味

尽管结构对人们大有裨益，但还是有一部分人不喜欢去创建结构。其中一个很大的原因就是他们认为结构非常烦冗而且无趣，让人感到既麻烦又无聊。因此，想要充分地利用结构给我们带来的好处，最好想办法让结构也变得趣味盎然。

史蒂文·科特勒曾经写道："一个令人啼笑皆非却又痛苦的现实就是，心流被当成一个达到精通的激进的替代选择，唯一的原因是我们早已做出决定——玩耍对于成人而言是浪费时间。但是事实是，作为一种生存必需的基本活动，玩耍嬉戏可以让大脑分泌神经化学物质，从而带来巨大的报偿，并且它对于达成巅峰成就、超卓的创造力和全面的人生满足感而言是必不可少的。如果我们在寻找最为精彩勃发的自己，就需要把工作变成玩耍，而非反其道而行之。除非我们把这个等式反转过来，否则那些能给我们带来内在动机的能力就会逐渐关闭。我们会开始失去热情，并且人生也会逐渐萎缩。"[3] 从结构中寻找到乐趣可以化腐朽为神奇，也能迫使行为发生改变。

举例而言，大众汽车在德国赞助了一个减少超速驾驶行为的竞赛。竞赛的大奖获得者设计出了一个"超速六合彩"，每个通过摄像机的车辆都会被记录下速度。如果某辆车超速，驾驶者就会在邮件里收到一张罚单；如果一辆车遵守了时速规定，驾驶者就会收到一张支票，里面的钱来自超速罚款所积累的资金池。在这个“超速六合彩”开始运行之后，有摄像头的地方的平均车速从 32 千米 / 小时下降到了 25 千米 / 小时，达到了近 22% 的降幅。

在瑞典，有一个竞赛鼓励步行者们在进出地铁站时去走楼梯而不是乘电梯。最后胜出的那个设计是把楼梯台阶变成了钢琴琴键，爬楼梯的人每一步都会奏响一个音符。于是走楼梯的人大大增多，比例上升了 66%。

在欧洲的一个公园里面，有个垃圾桶中安装了一个设备，每次有垃圾放进去就会发出炸弹下落的声音，然后是爆炸的声音。这个爆炸声吸引了很多孩子，他们四处寻找垃圾往里扔，成年人也被吸引去这么做。这个改装过的垃圾桶一天能收集 72 千克的垃圾，而公园里其他普通的垃圾桶在同一天里只能收集 41 千克。

还有一个竞赛鼓励人们回收更多的瓶子，把瓶子扔进人行道边的回收箱里。大奖赛的获胜者想出来的点子是，把回收箱变成一个拱廊，当你把瓶子扔进去的时候，灯光闪烁、音乐响起，屏幕上会显示一个得分。在第一个晚上，有将近一百个人用了这个拱廊回收箱，而只有两个人用了这个小镇上其他地方的普通回收箱。仅仅是把回收箱变成音乐拱廊，就能让人们乐此不疲地去做本来很无聊的事情，把废瓶子捡起来放到回收箱里。同样的道理，在任何无聊的任务里加入新鲜的元素，都可以让这个任务变得更加吸引人。我们之中的任何一个人都能运用自己的想象力把原先的苦役变成引人入胜的游戏。

切实可行的做法

挑一个你现在面临的需要解决的特定问题或者特定目标，然后问问自己：“一个不一样的结构是否能够对我有所帮助呢？”有时候你所开发的新结构是宏观层面的，比如找个新工作或者购买一个新的信息存储系统；也可能是微观层面的，比如把一个会议的时间调整到一天中你更清醒专注的时间段，或者让你的助理在每周三的上午 10 点帮你拦掉一切打扰，从而有时间专心思考。这里的关键是发挥创造力，同时也更宏观地思考一个新的结构如何强有力地改变你的生活。

尽可能地让工作结构变得有序，但不必让组织必须达到完美。最好的结构是那些你自己发明的结构。建立起一种思维习惯，时不时地思考怎么用外部结构来帮助你克服内部的障碍。

最后，请记住：削减、委派和剔除。你越是简化自己的生活，就越能够有结构化的控制。但是，生活里的每件事都事出有因吗？不是的。我们大多数人盲目地让各种杂事堆满了自己的桌面、衣橱、汽车和抽屉，还有日程表。虽然我认同钟声响起是去祈祷或者做任何事的原因，但我们也应该警惕成为那些既不是自己设定也不是自己渴望的钟声的奴隶。钟声也可能变成停车场里没来由的汽车报警器的蜂鸣声。

因此，仔细思考一下你的生活、物理空间和时间安排，请无情地挥舞你的手术刀，准备好尽可能多地切除不必要的东西。一旦你能够做到削减、委派和剔除，就可以至少在一段时间之内在释放出来的空间中保持空闲。

结语

分心也有好工作

我的工作是给人们带来希望，尝试帮助人们把他们的“一旦……我就能……”变成现实。这让人们发现，没有任何场景会极端到让人无能为力，只要我们处理得当，总会看到希望的光芒。

我同样也学到了，在大多数情况下，人们都会尽力而为。他们面对生活中的一团乱麻，有时候可能会搞得一团糟，但是即便是一团糟，他们依然会竭尽全力地去做到最好。只有非常少的人才会诚心去把事情搞砸。

约瑟夫·伍德·克鲁奇（Joseph Wood Krutch）归功于阿纳托尔·弗朗斯（Anatole France）的一个精练的短句，总结了我所知道的人性：“‘每个人都在竭尽全力地寻求自己的救赎’（chacun fait son salut commeil peut）这句话表达了一种全然的自由自主，以及对于做出道德区分的彻底拒绝。那些道德区分原本就是恶意专横的虚伪狡诈之词，并且‘救赎’这个词可以包括一个人的任何欲望，从圣奥古斯丁对上帝的渴望，到今天一个小流氓心中的龌龊念头。而且毫无疑问，这种念头其实跟任何其他人的念头一样，都是一厢情愿而且不容置疑的。”[1]

回顾与反思

我为这本书所创造的6个案例角色，每一个都在为自己的人生尽力而为。重新回顾这6个案例可以让我们对注意力缺失或者注意缺陷特质、个人专注能力，以及个体的心理学得出一个更好的结论。这里列举了这6个角色的发展方向。

莱斯在跟自己的成瘾做斗争。他的成瘾是最新类型的，即对电子产品或网络的成瘾。在帮助莱斯探寻他到底是怎么用电子产品来自我治疗的过程中，我得以让他面对了一个更大的问题：他在治疗自己的什么疾病或者难处呢？在他的情景里，这实际上是一种根深蒂固的深层抑郁，源自他对于自己没有足够能力来满足妻子、老板和自我期待的那种恐惧。一旦他能够改变自己使用电子产品的行为，就能够跟老板更好地合作，并且开始逐渐展露出自己的惊人天赋，这同样也能给他的家庭生活带来转机。

琼重新掌控自己生活的过程非常艰难。跟所有人一样，她的改变来得很慢，还同时伴随着犹豫不决，有时候还会退步。但是当她真正看到和感受到自己的生活陷入泥潭的时候，这些想法就变成了不可逃避的命令。“我必须重新掌控自己的生活，”她这么跟自己说，“我不能让自己再任人摆布了。”

当洞见和觉察在实际上有所帮助并且导致了行为改变的时候，并不是因为那些洞见有多么地新鲜奇特或者发人深省。实际上，这些洞见很多听起来都很俗，因为早就有成千上万的人经历过了同样的路程：了解你自己、实话实说、跟随你的激情、真实面对自己、别去膜拜虚幻的偶像、专注于你最重要的事情、别为了他人生活也别模仿他人的生活、明白你的老板并非你的父母、意识到你不再是一个孩子……每个俗不可耐的洞见都有可能完全改变一个人的生活。

洞见的力量来自它所发生的情景和时机。当琼对自己的处境感到极端痛苦、觉得难以自拔的时候，这些平凡的洞见就产生了巨大的力量。她利用自己身上新发现的力量坚决执行我建议的做法，从减少对他人的承诺，到与自己的朋友享受温暖的联结，再到留出时间做冥想，以及在配偶面前不再唯唯诺诺。这一切并不轻松，但是那种绝望和痛苦让她咬牙做出了改变。

阿什莉所经历的可以说是人生中最大的痛苦之一：一个超级自恋的母亲。然而，这并不意味着她的生活必然被毁掉。就像我之前说过并且见过很多次的那样，没有任何事情肯定会毁掉一个人的人生。人生永远都有希望。在我们的一次会谈里，阿什莉跟我控诉了自己的母亲在过去多么残酷、妒忌和自私。在她情绪奔涌的时候，我就在旁边陪伴着。“这些永远都不会改变了，对吧？”她问我。

“你妈妈在过去所做的一切都不会再改变了，但是你怎样感受和怎样做绝对可以改变。”

“真的吗？”她问我，“你可别骗我！”

“我没有骗你。你可以走出你妈妈给你创造的这片沙漠。”

之前她不敢有半点想法，就在那个时刻，她开始有所期望。现在，她必须去把期望变成现实了。她需要练习做决定、给自己的生活增加结构、更好地睡眠和饮食。所有这些力量——心理上的、实践中的和生理上的，一起促成了她的巨大改变。

杰克胆战心惊地担心自己会失去妻子。焦虑对他而言不仅存在于基因里面，也源自他的童年。具有讽刺意味的是，想要驱逐这种毒性的焦虑，杰克反而需要放弃各种让他感到安全的心理机制。药物对杰克产生的影响是巨大的。一开始他并不愿意去尝试，但是当看到自己的人生正在变得如此空洞、开始陷入一潭死水的时候，他便决定自己必须要做些什么了。在给他开左洛复（Zoloft）的处方的时候，我选择了一种血清素再回收抑制剂，因为这种神经递质在对担忧、焦虑等情绪的调节中起到了非常关键的作用。药物让杰克有了一个强有力的开始，但是他需要做的绝对不止于此。我给他的强力处方中还包括了每天进行身体锻炼，这可能是对付毒性焦虑最好的方法，还有就是大量的“联结维生素”。杰克按时与我见面进行治疗，持续了一年多的时间。他用我们的面谈时间在想象的世界里重新组织自己的人生，并且尝试感觉减少了毒性焦虑之后的人生。虽然他从来没能彻底地剔除生活里的全部毒性焦虑，但是确实做到了接近自己的太太，并且向她展示了一个完全不同的自己，让这个家庭破镜重圆。

玛丽的问题是在她的整个童年里，她把注意力都放在了别人身上，这不仅帮助了她自己，而且挽救了整个家庭。要让她放弃这个习惯，就意味着让她处于一个自己觉得极为危险的位置上。但是作为成年人，她的生活非常痛苦窘迫，因为她只知道关照其他人而不是自己。我跟她合作，帮助她理解关照自己并不是自私，或者说不是那种消极意义上的自私，而是一种最好意义上的自私。一个人只有先把自己照顾好，才会有足够的能力去照顾别人。忍受着那种觉得自己自私的紧张，玛丽能够看到她为自己制造的窘境。在绝望的状态下，她脑海中浮现的只有最简单粗暴的想法：去他的，不管了！

玛丽全身充满了愤怒，有益的愤怒，这么多年以来一直被她置之不理的愤怒。她带着这种愤怒生活了好几个月，并且让这种愤怒来帮助她脱离过去那种很容易掉进的陷阱——陷入困难的别人或者项目。

我给玛丽的处方包括锻炼身体、冥想，以及定时跟自己的好朋友共进午餐。我强烈鼓励她与朋友们谈论自己，而不仅仅是谈论她的朋友们。她的朋友实际上非常喜欢听她讲述自己的故事，这让玛丽感到既快乐又惊讶。她时不时地还是会退步，但是她的基本想法，就是不愿意为了讨好他人而牺牲自己的人生，以及并不需要靠着被他人需要才能生存，让她能够坚定地走向更好的生活。

莎伦的进步可以说是最有戏剧性的，因为她的状况是可以被治疗的。这种状况一般对于干预有着强有力的反应，而我们恰恰有这种干预手段。从莎伦这个案例中得到的启发是公众不仅需要理解注意缺陷多动障碍，而且需要理解普遍意义上的学习障碍。从戴维·尼尔曼到理查德·布兰森（Richard Branson）再到查尔斯·施瓦布（Charles Schwab），一些最有天赋、最才华横溢的人都有学习障碍。我们需要开始意识到，很多惊人的天赋都与学习障碍如影随形。

我们马上就要结束这个话题的讨论了，请让我提供几个总结性的建议，以帮助大家保持专注和提升效率：

◎ 优先级排序，聚焦于对你而言真正重要的东西。

◎ 认识到爱和人际联结在每天生活中无与伦比的巨大力量。

◎ 下载“疯狂繁忙”手机应用。创造边界，让自己不被同时扯进太多不同的方向。牢记构造定律：减小阻力，让流动顺畅。

◎ 认识到快感和愉悦并不是一回事，刺激和毒品也不是一回事。

◎ 让自己有无所事事的时间。请牢记，当你什么都不做的时候，大脑和它的默认状态实际上依然在忙碌。

◎ 保留一些与家人、朋友面对面相处的时间，不要让电子产品过度占用你的生活。

◎ 学着去照顾你自己，不要把自己的一切都贡献出去。

◎ 不要认为更努力地工作能解决一切问题，其实更聪明地工作可能更能解决问题。

◎ 尽可能多地在你的“甜蜜区”工作：你所热爱的、擅长的以及完成任务会带来收入的内容的交集。

◎ 尽量遵从基本框架：能量、情绪、投入、结构、控制。

相互鼓励，灵活聚焦

我已经给出了方案，让我们能够揭开让头脑清晰的“魔法”。一旦你理解了其中的奥妙，就会发现清晰的头脑根本不是魔法，而是科学支持下的行动。在当今时代，我们需要比之前任何时候都要更加刻意地行动，甚至是科学地行动，来创造和保持灵活聚焦的状态。因为今天试图偷走我们专注力甚至头脑的“窃贼”比以往任何时候都更聪明、更残暴。

甚至只是跟几十年前相比，我们都生活在一个截然不同的世界里，那时有更多的机会，四处充满希望，当然也包裹着太多对他人的怀疑和恐惧。但在当今这个世界里，我们稍不小心就会失去对自己的控制权，想要控制我们思维的力量前所未有地强大。世界曾经是个宁静和私密的地方，但是今天一切都不再是秘密。

在今天，知道如何依照自己的意愿来掌控、管理、保护和发展你的心智，就是至关重要的事情了。不去盲目服从他人的意愿，面对众多毫无用处而看似诱惑的信息、观点和装饰时能够不被淹没。培养灵活聚焦的思维状态，你就既可以产生新的想法，又可以充分开拓发展这些想法，以及掌控现代生活而不是让它们掌控你。现在非常普遍的迷迷糊糊的网络成瘾者，实际上就是现代世界对日常生活造成危害的一个象征。

面对这种危险，我们从来没有如此脆弱过，但是也从来没有如此强大过。通过负起责任和学习调节聚焦的技能，我们不仅能够依据自己的渴望提升心智，而且可以获得远超自己想象的成功，因为我们拥有了前所未有的诸多可能性。

发挥你的创造力。学学那些把台阶变成钢琴键的人，别让你的好点子像雪花落在温暖的柏油路上那样凭空消失。抓住它们、保留它们、滋养它们，然后系统性地让它们生根发芽。

◎ 促进流动。

◎ 保持最佳的精神能量状态。

◎ 坚持做“关键六项”的练习。

◎ 通过在“甜蜜区”工作来创造并且进入好的情绪空间。

◎ 创建能让你做出超乎想象成就的那种结构。

我是不是在给你鼓劲儿打鸡血？肯定是！我也建议你去给其他人鼓鼓劲儿。我们需要相互鼓励。大多数人都感到压抑，因为好消息太少、鼓励太少、积极能量太少。自己给自己提供这些东西其实很困难，但是为他人打气却容易得多。

我们相互需要。我们需要形成时不时相互给予的习惯，尤其在这个悄无声息地把人们隔离开来的世界。虽然大家都用电子产品相互联系，但我们需要保留和增加人与人面对面交流的时间。我们需要掌控人生，而不是让电子产品掌控我们。

也许有比今天更加令人兴奋、更具有不确定性的时代，但是我自己想不出来。面对这个时代蜂拥而来的各种机会，我们最好的利用方式就是学习如何掌控自己的思维，学习灵活聚焦的能力，尝试使用积极情绪所激发出来的能量，达到你自己从未想过的高度，并且保持、珍惜和发展你认为最重要的东西。

引言　保持专注为什么这么难

1. Ann Crittenden, "On Top of Everything Else: A journalist, wife, and mother searches for answers to our headlong descent into multitasking madness," *New York Times Book Review*, March 30, 2014.

2. Tim Armstrong, conversation with author, May 2, 2014.

3. 官方诊断手册只包含注意缺陷多动障碍（ADHD）。它有两种亚型：注意障碍为主型和混合型。注意障碍为主型是没有“多动”症状的注意缺陷多动障碍，也就是公众俗称的注意缺陷障碍（ADD）。混合型则是包含“多动”症状的注意缺陷多动障碍。

4. Leslie Taylor, "Price Tag for Lost Productivity: $544 Billion," *Inc.*, August 21, 2006, http://www.inc.com/news/articles/200608/time.html.

5. http://iorgforum.org/research/.

6. American Psychological Association, "Multitasking: Switching costs," March 20, 2006, http://www.apa.org/research/action/multitask.aspx.

7. Herb Ruckle, MD, Loma Linda University, e-mali to author, February 8, 2014.

8. José Ortega y Gasset, *The Revolt of the Masses* (New York: W.W. Norton, 1993), 21.

01 网络成瘾

1. Linda Stone on her website lindastone.net.

2. American Psychiatric Association, *Diagnostic and Statistical Manual of Mental Disorders, 5th Edition: DSM-5* (Arlington, VA: American Psychiatric Association, 2013),795-796.

3. National Institute on Drug Abuse, www.drugabuse.gov.

4. Lance Dodes, MD, and Zachary Dodes, *The Sober Truth: Debunking the Bad Science Behind the 12-Step Programs and the Rehab Industry* (Boston: Beacon Press, 2014), 92.

5. E.J. Khantzian and M. J. Albanese, *Understanding Addiction as Self-Medication:Finding Hope Behind the Pain* (London; New York: Rowman & Littlefield, 2008).

03 思维跳跃

1. Søren Kierkegaard, *The Sickness Unto Death*, 1849.

2. Kathy Kolbe, *Conative Connection: Acting on Instincts* (New York: Addison-Wesley, 1989).

3. Carol Dweck, *Mindset: The New Psychology of Success* (New York: Random House, 2007).

04 焦虑过度

1. 著名人类学家厄内斯特·贝克尔（Ernest Becker）的著作《死亡否认》（*The Denial of Death*）在1973年获得了普利策奖。基于这本著作，心理学家谢尔登·所罗门（Sheldon Solomon）、汤姆·匹茨辛斯基（Tom Pyszczynski）和杰夫·格林伯格（Jeff Greenberg）进行了一系列实证研究，证实了对自己死亡的预期会影响人们的很多行为和信念。

2. Bessel Van der Kolk, *Traumatic Stress: The Effects of Overwhelming Experience on Mind, Body, and Society* (New York: Guilford Press, 1996).

3. Susan Nolen-Hoeksema et al., "Rethinking Rumination," *Perspectives on Psychological Science* 3, no.5 (2008): 400-424.

4. C. Fabbri et al., "Genetics of serotonin receptors and depression: state of the art," *Current Drug Targets* 14, no. 5 (2013): 531-548.

5. Norbert Bonhomme and Ennio Esposito, "Involvement of Serotonin and Dopamine in the Mechanism of Action of Novel Anti-Depressant Drugs: A Review," *Journal of Clinical Psychopharmacology* 18, no.6 (1998): 447-454.

6. 尼古拉斯·克里斯塔基斯（Nicholas Christakis）和詹姆斯·富勒（James Fowler）在美国做了一个被试超过 3 000 人的随机问卷调查。他们发现“平均每个美国人和 4 个人关系密切，而大多数人和 2~6 个人关系密切。遗憾的是，12% 的美国人认为没有人能够跟他们商量重要的事情或者共度休闲时光。而在另一个极端，5% 的美国人有 8 个关系密切的人”。请参考由湛庐文化策划、北京联合出版有限公司出版的中文简体字版《大连接》（尼古拉斯·克里斯塔基斯、詹姆斯·富勒著）第 28 页。

05 先人后己

1. Christopher Lasch, *The Culture of Narcissism: American Life in an Age of Diminishing Expectations* (New York: W.W. Norton, 1991); and Jean M. Twenge and W. Keith Campbell, *The Narcissism Epidemic: Living in the Age of Entitlement* (New York: Simon & Schuster, 2013).

2. Marie Brenner, conversation with author, New York City, July 10, 2013.

3. James Adrioni, “Impure Altruism and Donations to Public Goods,” *Royal Economic Society Economic Journal* (1990), http://www.jstor.org/discover/10.2307/ 2234133?uid=3739952&uid=2&uid=4&uid=3739256&sid=21102183246833.

4. Edward O. Wilson, *The Social Conquest of Earth* (New York: W.W. Norton, 2012), 117.

5. Rachel Bachner-Melman et al., “Dopaminergic Polymorphisms Associated with Self-Report Measures of Human Altruism: A Fresh Pheonotype for the Dopamine D4 Receptor,” *Molecular Psychiatry* 10, no.4 (2005): 333-335.

6. J. Moll et al., "Human fronto-mesolimbic networks guide decisions about charitable donation," *Proceedings of the National Academy of Sciences* 103, no. 42 (2006): 15623-15628; cited by Mathew Lieberman, *Social: Why Our Brains Are Wired to Connect* (New York: Crown, 2006), 90.

7. Peter Frost and Sandra Robinson, "Toxic Handler: Organizational Hero—and Casualty," HBR *OnPoint* Enhanced Edition, January 2002, http://hbr.org/product/toxic-handler-organizational-hero-and-casualty-hbr-onpoint-enhanced-edition/an/8571-PDF-ENG.

8. Anna Freud, *The Ego and the Mechanisms of Defense* (London: Karnac Books, 2011), Kindle edition.

9. Ibid., location 1327 of 2171 in Kindle edition.

10. William James, from a letter to W. Lutoslawski, in *The Letters of William James, edited by his son, Henry James,* vol. II (Boston: Atlantic Monthly Press, 1920), 252.

11. José Ortega y Gasset, *Revolt of the Masses*, 156-157.

07 灵活聚焦

1. Matthew Lieberman, *Social: Why Our Brains Are Wired to Connect* (New York: Crown, 2013), 25.

2. Mihaly Csikszentmihalyi, *Beyond Boredom and Anxiety: Experiencing Flow in Work and Play* (San Francisco: Jossey-Bass, 1975).

3. W. B. Yeats, "Among School Children," 1928.

4. Steven Kotler, *The Rise of Superman: Decoding the Science of Ultimate Human Performance* (Seattle: Amazon Publishing, 2014).

5. Steven Kotler, conversations with author, 2013.

6. Jeffrey H. Dyer, Hal B. Gregersen, and Clayton M. Christensen, *The Innovator's DNA: Mastering the Five Skills of Disruptive Innovators* (Boston: Harvard Business Review Press, 2011).

7. Robert Frost, "The Road Not Taken," 1916.

8. Adrian Bejan and J. Peder Zane, *Design in Nature: How the Constructal Law Governs Evolution in Biology, Physics, Technology, and Social Organization* (New York: Doubleday, 2012).

9. Ibid., 2.

10. Ibid., 3.

11. Louis Pasteur, quoted in René Vallery-Radot, *The Life of Pasteur* (New York: Doubleday, Page & Company, 1927).

12. Jim Loehr and Tony Schwartz, *The Power of Full Engagement* (New York: Free Press, 2003).

08 生理觉醒

1. James D. Laird, *Feelings: The Perception of Self* (Oxford and New York: Oxford University Press, 2007).

2. DrowsyDriving.org Facts and Stats, accessed July 17, 2014, http://

drowsydriving.org/about/facts-and-stats/.

3. Vatsal Thakkar, "Diagnosing the Wrong Deficit," *New York Times*, April 28, 2013.

4. David K. Randall, *Dreamland: Adventures in the Strange Science of Sleep* (New York: W.W. Norton, 2012), 27-29.

5. Jeffrey H. Larson, D. Russell Crane, and Craig W. Smith, "Morning and Night Couples: The Effect of Wake and Sleep Pattern on Marital Adjustment," *Journal of Marital & Family Therapy* 17, no. 1 (January 1991): 53-65.

6. Brett McKay and Kate McKay, "Unleash the Power of the Nap," *The Art of Manliness* (website), http://www.artofmanliness.com/2011/02/07/unleash-the-power-of-the-nap/; and Nikki Waller, "On Our Radar: The Office Nap Room," *The Wall Street Journal* online, http://blogs.wsj.com/atwork/2013/03/12/on-our-radar-the-office-nap-room/.

7. T. Colin Campbell et al., *The China Study: The Most Comprehensive Study of Nutrition Ever Conducted and the Startling Implications for Diet* (Dallas, TX: BenBella Books, 2004).

8. For more on going gluten-free, see http://www.mayoclinic.com/health/gluten-free-diet/my01140.

9. "Supplements: A scorecard," *Harvard Men's Health Watch*, April 2012, http://www.health.harvard.edu/newsletters/harvard_mens_health_watch/2012/April/supplements-a-scorecard.

10. Michel Lucas et al., "Coffee, Caffeine, And Depression Among Women," *JAMA Internal Medicine*, 171, no. 17: (September 26, 2011), http://archinte.jamanetwork.com/article.aspx?articleid=1105943.

11. "How Exercise Can Lead to a Better Brain," *New York Times*, April 18,2012,http://www.nytimes.com/2012/04/22/magazine/how-exercise-could-lead-to-a-better-brain.html?pagewanted=all&_r=0.

12. John Ratey, *Spark: The Revolutionary New Science of Exercise and the Brain* (New York: Little, Brown, 2008).

09 激发心智

1. Michael Carroll, *The Mindful Leader: Awakening Your Natural Management Skills Through Mindfulness Meditation* (Boston: Trumpeter Books, 2007).

2. Patricia Marx, American Chronicles, "Mentally Fit: Workouts at the Brain Gym," *The New Yorker*, July 29, 2013, 24.

10 人际联结

1. Matthew Lieberman, *Social: Why Our Brains Are Wired to Connect* (New York: Crown, 2013), 267.

2. Stephanie Pappas, "Early Neglect Alters Kids' Brains," *Livescience.com*, July 23, 2012, http://livescience. com/21778-early-neglect-alters-kids-brains.html.

3. L. F. Berkman, "The Role of Social Relations in Health Promotion," *Psychosomatic Medicine* 57, no.3 (1995): 245-254.

4. 1998 年，哈佛大学化学系的一名才华横溢的研究生自杀了。在那之后，在詹姆斯·安德森（James Anderson）教授和斯图尔特·施赖伯（Stuart Schreiber）教授的带领下，哈佛大学化学系的文化氛围从以孤立和隔绝为特征转变为联系紧密的特征。我作为一名顾问，连续 5 年参与了这项工作。安德森和施赖伯教授应该得到极大的赞扬，因为他们严肃对待并处理了人际关系断裂的问题。

5. Nicholas A. Christakis and James H. Fowler, *Connected*, 18.

6. Ibid., 22.

7. Ibid., 31.

8. Ibid., 35.

9. Ibid., 49.

10. George Vaillant, *Adaptation to Life* (Boston: Little, Brown, 1977).

11. 被认为是海曼·沙克特（Hyman Schachtel）所说。

11 驾驭情绪

1. "Type 'D' for distressed," *Harvard Heart Letter*, August 2005, http://www.health.harvard.edu/newsweek/Type_D_for_distressed. htm.

2. Aaron Sorkin, *A Few Good Men*, directed by Rob Reiner (Castle Rock, 1992).

3. Epictetus, *The Enchiridion*, compiled by Flavius Arrianus, ca. 90 AD, trans. Nicholas P. White (Indianapolis/Cambridge: Hackett Publishing Company, 1983), 13.

4. Ibid.

12 构建结构

1. James Boswell, *Life of Johnson*, ed. George Birbeck Hill (Public Domain Book, 1791,1887).

2. Dan Sullivan, conversation with author, New York City, August 14, 2013.

3. Steven Kotler, *The Rise of Superman: Decoding the Science of Ultimate Human Performance* (Seattle: Amazon Publishing, 2014), 290.

结语 分心也有好工作

1. Joseph Wood Krutch, *The Modern Temper* (New York: Harcourt Brace & Company,1929), 114.

有则改之，无则加勉，警惕“时代病”

最近两年翻译的几本书，基本上都跟当今高速发展的后网络时代的身心健康问题有关。《雄性衰落》（*Man (Dis) connected*）讨论了网络“原住民”的千禧一代，特别是男性成员面临的全新健康风险——在虚拟世界里乐不思蜀，不愿意面对更具挑战性和更“枯燥”的线下世界；《驾驭情绪的力量》（*End Emotional Eating*）针对的是一个更多影响年轻女性的健康问题——在时尚的压力下对自己的身体乃至生活越来越不接纳，从而导致情绪性饮食和相关的心理问题；而这本《赢回专注力》谈的则是另外一个新问题：越来越普遍的注意力缺失。这些问题都是“太阳底下的新鲜事”，也就是新时代出现的新问题。这世界变化得太快了，我们的文化、认知，乃至身体，都没有足够的机会适应。我们的健康面临新的挑战，需要我们有更多的了解、警惕和行动。借着这个机会，我也跟大家谈谈心理健康中一些问题的独特性。

“讳疾忌医”还是“过度医疗”，多动症到底是不是病？

关于多动症到底是不是“病”以及需不需要用药，全世界的心理健康专家一直分成两派。一个极端是，有医生认为多动症根本就不是病，是医药界为了卖出更多药物而人为捏造的名称。给活跃的儿童无端用药，实际上损害了他们的健康。这种观点曾经被 TED 名人肯·罗宾逊（Ken Robinson）① 爵士在《改变教育范式》一书中所表达：在美国，被诊断出注意缺陷多动障碍并且服用药物的儿童比例，自西向东逐渐增高，有很明显的人为痕迹。罗宾逊爵士认为美国东部比例增高是医疗和制药企业跟保险公司之间的博弈结果，而多动症实际上是无中生有的。与之对立，另一个极端则是，有医生认为多动症是一种非常真实的疾病，而且用药的效果立竿见影。很多患者原本可以让自己的人生大放异彩，却因为多动症没有被及时诊断用药而在痛苦挣扎中碌碌无为。本书的作者哈洛韦尔医生就属于这个阵营。还有一些专业人士则莫衷一是，在二者之间摇摆不定。虽然这么说可能让很多希望得到准确信息的读者感到迷惑或者气愤，但是事实如此，我有责任让大家知道，这就是当前的现状。

既然如此，那么我们该何去何从？我个人认为，“仔细观察、小心试错、保持质疑”可能是最保险的方法。如果你真的觉得自己或者儿童青少年有此类的问题，求助于专业机构进行诊断评估确实是风险最小的方式。但是面对诊断结果的时候，你需要抱持一种审慎的质疑心态：一方面要理解医生有不同的专业流派和看法，在这个问题上尚未取得一致结论；另一方面如果诊断的结果是需要用药，就要非常仔细地观察用药的结果或者不良反应。立竿见影、药到病除的话，那自然是皆大欢喜，说明这个解决办法效果良好。如果用药之后改善并不明显，甚至不良反应较大，得不偿失，那就要考虑其他方式了，比如行为矫正训练或者心理咨询。对于复杂的问题，大家只能自己迭代试错，摸着石头过河。因此，保持审慎而开放的心态可能更好。而对于复杂的健康问题，求助于专家但不盲从也应该是最好的态度。

更严重的问题：数字分心症

如果说儿童青少年的多动症问题目前还处于“悬而未决”的状态，需要大家保持

① 肯·罗宾逊是全球知名教育家，著名的人类潜能开发、创造力开发专家，其代表作《让天赋自由》《什么是最好的教育》等的中文简体字版已由湛庐文化策划、浙江人民出版社出版。——编者注

开放心态的话，那么另外一个问题就已经是既成事实了。而且夸张一点说，我们大家无一幸免，那就是“数字分心症”：移动电子设备将我们的时间严重地碎片化，分散了我们的注意力，并且重新形塑了我们的大脑。近 20 年脑神经研究的飞速发展已经让我们达成共识：人的大脑终身保持可塑性。也就是说，我们使用大脑的习惯会改变它的“硬件”——脑神经结构。如果我们做事情永远三心二意，也就是所谓的多任务处理，大脑就会把自己调整成为最擅长“漫不经心四处搜索”的机器，我们专心致志和长时间集中注意力的能力就会逐渐丧失，就像长期不运动会使肌肉力量和心肺功能下降一样——用进废退。苹果公司对其手机的美国用户做过统计，平均每个用户每天会解锁自己的手机 88 次。因而，从社会整体而言，我们自己主动养成的数字化、碎片化的生活方式恐怕是比多动症严重得多的问题。

到目前为止，我们所掌握的科学还不能明确地说明这种“分心”“杂念”“漫不经心”，乃至多动症背后的机理或者症状的细节，但是我们每个人的专注力都在日渐下降却是不争的事实。面对这个问题，我们并非束手无策，其实有很多可以立刻进行尝试的资源。这里我推荐几个供大家参考和尝试：

1. 正念相关的资源。正念（Mindfulness）在今天的西方社会如日中天，“正念三杰”——乔·卡巴金（Jon Kabat-Zinn）、杰克·康菲尔德（Jack Kornfield）和马克·威廉斯（Mark Williams），都著书立说并且有各种工作坊。正念之于大脑和心理的作用，就犹如慢跑之于心肺和身体的作用，坚持下去，会受益终身。

2. 专念相关的资源。专念的英文也是 mindfulness，是哈佛大学教授埃伦·兰格（Ellen J. Langer）提出来的。她提出“专念”的目的是让人“在不需要内观冥想的前提下练习专注”的方法。她的《专念》（*Mindfulness*）、《专念创造力》（*On Becoming An Artist*）和《专念学习力》（*The Power of Mindful Learning*）都是可续性很强的作品。

3. 专注力相关的资源。在心理咨询和治疗领域之外，也有不少专家聚焦于专注力的训练，如丹尼尔·戈尔曼（Daniel Goleman）、卡尔·纽波特（Cal Newport）和让-菲利普·拉夏（Jean-Philippe Lachaux）。

网络世界让人眼花缭乱、现代生活让人疲于奔命，为了我们的生活质量、工作质量、关系质量和体验到过程带来的享受，我们需要主动练习和维护自己专心致志的能力。专注带来投入，投入让人充实，充实带来丰盈的人生：一曝十寒还是专心致志，我们可以主动选择。

未来，属于终身学习者

我这辈子遇到的聪明人（来自各行各业的聪明人）没有不每天阅读的——没有，一个都没有。巴菲特读书之多，我读书之多，可能会让你感到吃惊。孩子们都笑话我。他们觉得我是一本长了两条腿的书。

——查理·芒格

互联网改变了信息连接的方式；指数型技术在迅速颠覆着现有的商业世界；人工智能已经开始抢占人类的工作岗位……

未来，到底需要什么样的人才？

改变命运唯一的策略是你要变成终身学习者。未来世界将不再需要单一的技能型人才，而是需要具备完善的知识结构、极强逻辑思考力和高感知力的复合型人才。优秀的人往往通过阅读建立足够强大的抽象思维能力，获得异于众人的思考和整合能力。未来，将属于终身学习者！而阅读必定和终身学习形影不离。

很多人读书，追求的是干货，寻求的是立刻行之有效的解决方案。其实这是一种留在舒适区的阅读方法。在这个充满不确定性的年代，答案不会简单地出现在书里，因为生活根本就没有标准确切的答案，你也不能期望过去的经验能解决未来的问题。

湛庐阅读App：与最聪明的人共同进化

有人常常把成本支出的焦点放在书价上，把读完一本书当作阅读的终结。其实不然。

时间是读者付出的最大阅读成本
怎么读是读者面临的最大阅读障碍
“读书破万卷”不仅仅在“万”，更重要的是在“破”！

现在，我们构建了全新的“湛庐阅读”App。它将成为你“破万卷”的新居所。在这里：

- 不用考虑读什么，你可以便捷找到纸书、有声书和各种声音产品；
- 你可以学会怎么读，你将发现集泛读、通读、精读于一体的阅读解决方案；
- 你会与作者、译者、专家、推荐人和阅读教练相遇，他们是优质思想的发源地；
- 你会与优秀的读者和终身学习者为伍，他们对阅读和学习有着持久的热情和源源不绝的内驱力。

从单一到复合，从知道到精通，从理解到创造，湛庐希望建立一个“与最聪明的人共同进化”的社区，成为人类先进思想交汇的聚集地，与你共同迎接未来。

与此同时，我们希望能够重新定义你的学习场景，让你随时随地收获有内容、有价值的思想，通过阅读实现终身学习。这是我们的使命和价值。

湛庐阅读App玩转指南

湛庐阅读App结构图：

三步玩转湛庐阅读App：

读一读 ▼

湛庐纸书一站买，
全年好书打包订

听一听 ▼

泛读、通读、精读，
选取适合你的阅读方式

扫一扫 ▼

买书、听书、讲书、
拆书服务，一键获取

App获取方式：

安卓用户前往各大应用市场、苹果用户前往App Store
直接下载“湛庐阅读”App，与最聪明的人共同进化！

使用App扫一扫功能，
遇见书里书外更大的世界！

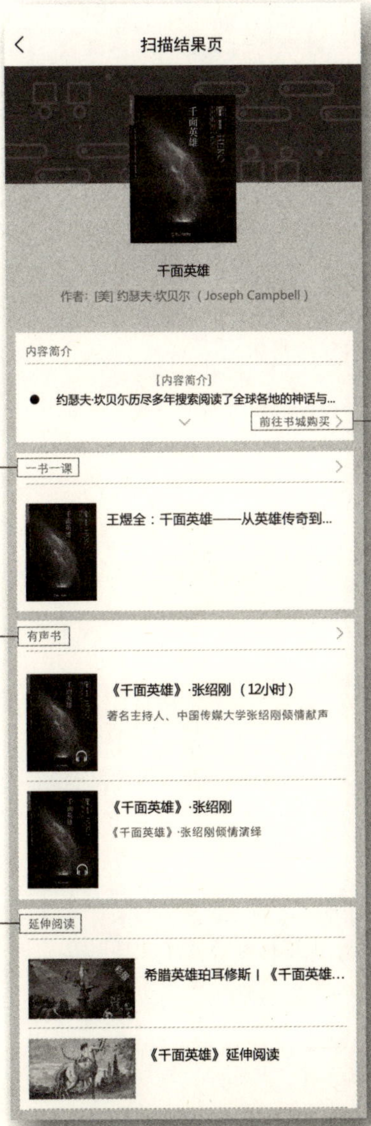

快速了解本书内容，
湛庐千册图书一键购买！

大咖优质课、
献声朗读全本一键了解，
为你读书、讲书、拆书！

你想知道的彩蛋
和本书更多知识、资讯，
尽在延伸阅读！

湛庐CHEERS

延伸阅读

《分心不是我的错》

使用"湛庐阅读"App,
"扫一扫"获取本书更多精彩内容。
ISBN 978-7-5440-4845-3

◎ 注意力缺失领域专家爱德华·哈洛韦尔作品，一本无法被超越的经典，畅销20年。锤子科技罗永浩、大象公会黄章晋强力推荐。

◎ 分心不是一种病，而是一种难得的恩赐。本书描述了各种不同的注意力缺失症状，包括不断追求高度刺激的多动者和什么事都不做的白日梦者。作者为读者指出何时药物会有效，以及如何使用行为的改变技巧。

《不再害羞》

使用"湛庐阅读"App,
"扫一扫"获取本书更多精彩内容。
ISBN 978-7-5596-2776-6

◎ "当代心理学的形象与声音"、享誉全球的心理学大师菲利普·津巴多经典之作，5个步骤，有效克服社交恐惧，让社交不再成为你的困扰。

◎ 著名心理学家、北京师范大学心理学院荣誉教授陈会昌，十分心理创始人、前《心理月刊》主编王珲联袂推荐。

《战拖行动》

使用"湛庐阅读"App,
"扫一扫"获取本书更多精彩内容。
ISBN 978-7-5596-2938-8

◎ 解析3大拖延类型，4大战拖方法利用拖延公式，让你重拾轻快的行动力！经典作品《拖延心理学2》全新升级版，重装上市！

◎ 知名拖延心理学研究者皮尔斯·斯蒂尔倾情奉献，知名心理学家张怡筠、果壳网CEO姬十三、安人公司创始人阳志平、拖延症互助组织"战拖会"创始人高地清风、《三联生活周刊》资深记者贝小戎、知名财经书评人黄一琨、《Vista看天下》执行发行人李红平联袂推荐。

《情绪是什么》

使用"湛庐阅读"App,
"扫一扫"获取本书更多精彩内容。
ISBN 978-7-213-08637-3

◎ 英国《卫报》评选的年度优秀心理学作品，一本关于情绪的百科全书，一次对神经科学的深度反思。融合科学理性与艺术感性，带你重新认识那些让人又爱又恨的微妙情绪。

◎《自然》《卫报》《华盛顿邮报》《出版人周刊》《科克斯书评》等各大媒体一致力荐。

图书在版编目（CIP）数据

赢回专注力 /（加）爱德华·哈洛韦尔著；徐卓译．—杭州：浙江人民出版社，2020.5

书名原文：Driven to Distraction at Work: How to Focus and Be More Productive

ISBN 978-7-213-09716-4

Ⅰ．①赢…　Ⅱ．①爱…②徐…　Ⅲ．①注意—能力培养—通俗读物　Ⅳ．① B842.3-49

中国版本图书馆 CIP 数据核字（2020）第 056016 号

浙江省版权局
著作权合同登记章
图字：11-2020-074 号

上架指导：心理学 / 畅销书

赢回专注力

［加］爱德华·哈洛韦尔　著
徐卓　译

出版发行：浙江人民出版社（杭州体育场路 347 号　邮编　310006）
市场部电话：（0571）85061682　85176516
集团网址：浙江出版联合集团　http://www.zjcb.com
责任编辑：陈　源
责任校对：杨　帆
印　　刷：唐山富达印务有限公司
开　　本：720mm×965mm 1/16　　印　　张：16
字　　数：235 千字　　插　　页：1
版　　次：2020 年 5 月第 1 版　　印　　次：2020 年 5 月第 1 次印刷
书　　号：ISBN 978-7-213-09716-4
定　　价：69.90 元